Middelhavets Kulinariske Skatte
En Rejse gennem Smag og Traditioner

Sofia Larsen

Resumé

Middelhavs Pita 9
Hummus Deviled Æg 11
Boghvede og æble og rosin muffins 14
Muffins med græskarklid 16
Boghvede kærnemælkspandekager 18
Fransk toast med mandler og ferskenkompot 18
Bærhavregryn med sød vaniljecreme 20
Crepe med chokolade og jordbær 22
Asparges og skinke quiche 24
Æbleost Scones 26
Bacon og æg 28
Orange-blåbær muffins 30
14. Bagt ingefær havregryn med pæretopping 31
Vegetarisk omelet i græsk stil 32
Sommer smoothie 34
Skinke og æg pitas 35
Couscous til morgenmad 37
Ferskensalat til morgenmad 39
Saltet havre 40
Tahini og æbletoast 41
Røræg basilikum 42
græske kartofler og æg 43
Avocado og honning smoothie 45
Grøntsagsomelet 46

Mini salat ruller 48

Æble Cous Cous Med Karry 49

Lammekød og grøntsager 50

Skrubbe med krydderurter 52

Blomkålsquinoa 53

Mango pære smoothie 54

spinat omelet 55

Mandelpandekager 57

Quinoa frugtsalat 59

Jordbær og rabarber smoothie 60

Byggrød 61

Honningkager og græskar smoothie 62

Grøn juice 62

Smoothie med nødder og dadler 64

Frugt milkshake 65

Banan og chokolade smoothie 66

Yoghurt med blåbær, honning og mynte 67

Parfait med bær og yoghurt 68

Havregryn med bær og solsikkekerner 69

Hurtigt korn af mandler og ahorn 70

Bananhavre 72

Sandwich til morgenmad 73

Morgen couscous 75

Avocado og æble smoothie 77

Mini omelet 78

Soltørret tomat havregryn 80

Æg på avocado 81

Brekky Egg- Kartoffelhash 83

Tomat og basilikumsuppe 85

Græskar hummus 87

Skinke muffins 88

Spelt salat 89

Blåbær og dadler 90

Linser og cheddar omelet 90

Tun sandwich 93

Spelt salat 94

Kikærte- og zucchinisalat 96

Provencalsk artiskoksalat 98

Bulgarsk salat 100

Skål med falafelsalat 102

Simpel græsk salat 104

Rucolasalat med figner og valnødder 106

Blomkålssalat med tahinvinaigrette 108

middelhavs kartoffelsalat 110

Quinoa og pistacie salat 112

Agurk kyllingesalat med krydret jordnøddedressing 114

Paella af grøntsager 115

Gryde med aubergine og ris 117

couscous med grøntsager 120

Kushari 123

Bulgur med tomater og kikærter 126

Makrel makaroni 128

Makaroni med cherrytomater og ansjoser 130

Risotto med citron og rejer 132

Spaghetti med muslinger 134

græsk fiskesuppe 136

Veiner ris med rejer 138

Pennette laks og vodka 140

Carbonara med fisk og skaldyr 142

Garganelli med Zucchini og rejepesto 143

Lakridsris 147

Pasta med cherrytomater og ansjoser 149

Orecchiette Broccoli Og Pølse 151

Radicchio og røget baconrisotto 153

Pasta alla Genovese 155

Napolitansk blomkålspasta 158

Pasta og bønner, appelsin og fennikel 160

Citron spaghetti 162

Krydret grøntsagscouscous 163

Krydrede bagte ris med fennikel 165

Marokkansk couscous med kikærter 167

Vegetarisk paella med grønne bønner og kikærter 169

Hvidløgsrejer med tomater og basilikum 171

Reje paella 173

Linsesalat med oliven, mynte og fetaost 175

Kikærter med hvidløg og persille 177

Stuvede kikærter med aubergine og tomater 179

Græske ris med citron 181

Ris med aromatiske urter 183

Middelhavsrissalat 185

Frisk bønne- og tunsalat 187

Lækker kyllingepasta 189

Middelhavs tacos 191

Velsmagende mac og ost 193

Ris med agurkeoliven 195

Aromatisk urterisotto 197

Lækker Pasta Primavera 199

Stegt peberpasta 201

Ost basilikum tomat ris 203

Pasta med tun 205

Blandet avocado og kalkun sandwich 207

Kylling med agurk og mango 209

Fattoush - brød fra Mellemøsten 211

Glutenfri hvidløg og tomat focaccia 213

Grillet burger med svampe 215

Middelhavet Baba Ghanoush 217

Middelhavs Pita

Forberedelsestid: 22 minutter

Madlavningstid: 3 minutter

Portioner: 2

Sværhedsgrad: let

Ingredienser:

- 1/4 kop sød rød peber
- 1/4 kop hakket løg
- 1 kop æggeerstatning
- 1/8 tsk salt
- 1/8 tsk peber
- 1 tomat i små stykker
- 1/2 kop frisk hakket babyspinat
- 1-1/2 tsk hakket frisk basilikum
- 2 hele pitaer
- 2 spsk smuldret fetaost

Indikationer:

Beklæd en lille slip-let pande med madlavningsspray. Kom løg og chili i 3 minutter ved middel varme. Tilsæt æggeerstatningen og smag til med salt og peber. Rør til det stivner. Bland hakket spinat, hakkede tomater og hakket basilikum. Hæld over focacciaen. Top grøntsagsblandingen med din æggeblanding. Drys med smuldret fetaost og server med det samme.

Ernæring (pr. 100 g): 267 kalorier 3 g fedt 41 g kulhydrater 20 g protein 643 mg natrium

Hummus Deviled Æg

Forberedelsestid: 10 minutter

Madlavningstid: 0 minutter

Portioner: 6

Sværhedsgrad: let

Ingredienser:

- 1/4 kop agurk i tern
- 1/4 kop finthakket tomat
- 2 tsk frisk citronsaft
- 1/8 tsk salt
- 6 hårdkogte pillede æg, halveret på langs
- 1/3 kop ristet hvidløgshummus eller anden hummus smag
- Finhakket frisk persille (valgfrit)

Indikationer:

Bland tomat, citronsaft, agurk og salt og bland forsigtigt. Skrab blommerne fra de halverede æg og gem dem til senere brug. Saml en dyngede teskefuld humus i hver æggehalvdel. Top med persille og en halv teskefuld af tomat- og agurkeblandingen. Server straks

Ernæring (pr. 100 g): 40 kalorier 1 g fedt 3 g kulhydrater 4 g

Røget laks røræg

Forberedelsestid: 2 minutter

Madlavningstid: 8 minutter

Portioner: 4

Sværhedsgrad: medium

Ingredienser:

- 16 gram æg-erstatning, uden kolesterol
- 1/8 tsk sort peber
- 2 spsk snittede grønne løg, behold toppene
- 1 ounce kold fedtfattig flødeost, skåret i 1/4-tommers terninger
- 2 gram røgede lakseflager

Indikationer:

Skær den kolde flødeost i ¼-tommers terninger og stil til side. Pisk æggeerstatning og peber i en stor skål. Beklæd en nonstick-pande med medium varmespray. Rør æggeerstatningen i og kog i 5-7 minutter eller indtil det begynder at sætte sig, rør af og til og skrab bunden af gryden.

Bland flødeost, grønt løg og laks i. Fortsæt med at koge og rør i yderligere 3 minutter eller bare indtil æggene stadig er fugtige, men kogte.

Ernæring (pr. 100 g): 100 kalorier 3 g fedt 2 g kulhydrater 15 g protein 772 mg natrium

Boghvede og æble og rosin muffins

Forberedelsestid: 24 minutter

Madlavningstid: 20 minutter

Portioner: 12

Sværhedsgrad: medium

Ingredienser:

- 1 kop universalmel
- 3/4 kop boghvedemel
- 2 spsk brun farin
- 1 og en halv tsk bagepulver
- 1/4 tsk bagepulver
- 3/4 kop fedtfattig kærnemælk
- 2 spsk olivenolie
- 1 stort æg
- 1 kop friske æbler, skåret i tern, skrællet og udkernet
- 1/4 kop gyldne rosiner

Indikationer:

Forbered ovnen til 375 grader F. Beklæd en 12-kopps muffinform med non-stick madlavningsspray eller papirkopper. At lægge til side. Kom alle de tørre ingredienser i en skål. At lægge til side.

Pisk de flydende ingredienser, indtil de er glatte. Overfør den flydende blanding til melblandingen og rør, indtil den er fugtig. Tilsæt æbler og rosiner i tern. Fyld hver muffinkop cirka 2/3 af blandingen. Kog indtil gyldenbrun. Brug tandstikkertesten. At tjene.

Ernæring (pr. 100 g): 117 kalorier 1 g fedt 19 g kulhydrater 3 g protein 683 mg natrium

Muffins med græskarklid

Forberedelsestid: 20 minutter

Madlavningstid: 20 minutter

Portioner: 22

Sværhedsgrad: medium

Ingredienser:

- 3/4 kop universalmel
- 3/4 kop fuldkornshvedemel
- 2 spsk sukker
- 1 spsk bagepulver
- 1/8 tsk salt
- 1 tsk græskartærtekrydderi
- 2 kopper 100% klid korn
- 1 og en halv kop skummetmælk
- 2 æggehvider
- 15 gram x 1 æske græskar
- 2 spsk avocadoolie

Indikationer:

Forvarm ovnen til 400 grader Fahrenheit. Forbered en muffinform, der er stor nok til 22 muffins, og beklæd den med madlavningsspray. Bland de første fire ingredienser, indtil de er kombineret. At lægge til side.

Brug en stor skål til at blande mælk og kornklid og lad det stå i 2 minutter, eller indtil kornene er bløde. Tilsæt olie, æggehvider og squash til klidblandingen og bland godt. Hæld melblandingen i og bland godt.

Fordel dejen jævnt i muffinformen. Bages i 20 minutter. Tag muffinsene af panden og server lune eller afkølede.

Ernæring (pr. 100 g): 70 kalorier 3 g fedt 14 g kulhydrater 3 g protein 484 mg natrium

Boghvede kærnemælkspandekager

Forberedelsestid: 2 minutter

Madlavningstid: 18 minutter

Portioner: 9

Sværhedsgrad: let

Ingredienser:

- 1/2 kop boghvedemel
- 1/2 kop universalmel
- 2 tsk bagepulver
- 1 tsk brun farin
- 2 spsk olivenolie
- 2 store æg
- 1 kop fedtfattig kærnemælk

Indikationer:

Bland de første fire ingredienser i en skål. Tilsæt olie, kærnemælk og æg og bland til en jævn masse. Stil bradepanden over middel varme og sprøjt med slip-let spray. Hæld ¼ kop af dejen over gryden og steg i 1-2 minutter på hver side eller indtil de er gyldenbrune. Server straks.

Ernæring (pr. 100 g): 108 kalorier 3 g fedt 12 g kulhydrater 4 g protein 556 mg natrium

Fransk toast med mandler og ferskenkompot

Forberedelsestid: 10 minutter

Madlavningstid: 15 minutter

Portioner: 4

Sværhedsgrad: let

Ingredienser:

- <u>Sammensat:</u>
- 3 spiseskefulde sukkererstatning, baseret på sucralose
- 1/3 kop + 2 spsk vand, delt
- 1 1/2 kopper skrællede eller frosne ferskner, optøet og drænet, skåret i skiver
- 2 spsk ferskenpålæg, uden tilsat sukker
- 1/4 tsk stødt kanel
- <u>Mandel fransk toast</u>
- 1/4 kop fedtfattig mælk (skummet)
- 3 spiseskefulde sukkererstatning, baseret på sucralose
- 2 hele æg
- 2 æggehvider
- 1/2 tsk mandelekstrakt
- 1/8 tsk salt
- 4 skiver flerkornsbrød
- 1/3 kop skivede mandler

Indikationer:

For at lave kompotten skal du opløse 3 spsk sucralose i 1/3 kop vand i en medium gryde over medium-høj varme. Kom fersknerne i og bring det i kog. Reducer varmen til medium og fortsæt med at koge uden låg i yderligere 5 minutter, eller indtil fersknerne er bløde.

Tilsæt det resterende vand og frugtpålæg, og tilsæt derefter ferskerne i gryden. Kog i endnu et minut, eller indtil siruppen tykner. Fjern fra varmen og tilsæt kanel. Dæk til for at holde varmen.

At gøre fattige riddere. Kom mælk og sucralose i en stor dyb tallerken og pisk, indtil det er helt opløst. Tilsæt æggehvider, æg, mandelekstrakt og salt. Dyp begge sider af brødskiverne i æggeblandingen i 3 minutter eller indtil de er helt gennemblødte. Drys begge sider med mandler i skiver og pres dem godt for at sikre.

Pensl slip-let panden med madlavningsspray og sæt den over medium-høj varme. Steg brødskiverne på bageristen i 2 til 3 minutter på begge sider eller indtil de er lysebrune. Server toppet med ferskenkompotten.

Ernæring (pr. 100 g): 277 kalorier 7 g fedt 31 g kulhydrater 12 g protein 665 mg natrium

Bærhavregryn med sød vaniljecreme

Forberedelsestid: 5 minutter
Madlavningstid: Fem minutter
Portioner: 4
Sværhedsgrad: let

Ingredienser:

- 2 kopper vand
- 1 kop hurtigkogende havre
- 1 spsk sucralosebaseret sukkererstatning
- 1/2 tsk stødt kanel
- 1/8 tsk salt
- Fløde
- 3/4 kop fedtfri halv og halv
- 3 spiseskefulde sucralose-baseret sukkererstatning
- 1/2 tsk vaniljeekstrakt
- 1/2 tsk mandelekstrakt
- Krydderier
- 1 1/2 dl friske blåbær
- 1/2 kop friske eller frosne og optøede hindbær

Indikationer:

Kog vandet ved høj varme og rør havregryn i. Reducer varmen til medium, mens du koger havre uden låg i 2 minutter eller indtil den er tyk. Tag af varmen og rør sukkererstatning, salt og kanel i. I en mellemstor skål kombineres alle cremeingredienserne, indtil de er godt blandet. Saml de kogte havregryn i 4 lige store portioner og hæld den søde fløde over dem. Top med bærrene og server.

Ernæring (pr. 100 g): 150 kalorier 5 g fedt 30 g kulhydrater 5 g protein 807 mg natrium

Crepe med chokolade og jordbær

Forberedelsestid: 5 minutter

Madlavningstid: 10 minutter

Portioner: 4

Sværhedsgrad: let

Ingredienser:

- 1 kop blødt hvedemel
- 2/3 kop fedtfattig mælk (1%)
- 2 æggehvider
- 1 æg
- 3 spiseskefulde sukker
- 3 spsk usødet kakaopulver
- 1 spsk afkølet smeltet smør
- 1/2 tsk salt
- 2 tsk rapsolie
- 3 spiseskefulde jordbær topping
- 3 1/2 kopper optøede eller friske skiver jordbær
- 1/2 kop optøet frossen fedtfri pisket topping
- Friske mynteblade (hvis det ønskes)

Indikationer:

Bland de første otte ingredienser i en stor skål, indtil det er glat og godt blandet.

Pensl ¼ teskefuld olie på en lille teflonbeklædt pande ved middel varme. Hæld ¼ kop dej i midten og vend for at dække gryden med dejen.

Kog i et minut, eller indtil crepen er uigennemsigtig og kanterne er tørre. Vend og kog i et halvt minut mere. Gentag processen med den resterende blanding og olie.

Saml ¼ kop optøede jordbær i midten af crepen og pedal, indtil fyldet er dækket. Dæk med 2 spsk flødeskum og pynt med mynte inden servering.

Ernæring (pr. 100 g): 334 kalorier 5 g fedt 58 g kulhydrater 10 g protein 678 mg natrium

Asparges og skinke quiche

Forberedelsestid: 5 minutter

Madlavningstid: 42 minutter

Portioner: 6

Sværhedsgrad: let

Ingredienser:

- 2 1/2 tommer kopper skåret asparges
- 1 hakket rød peberfrugt
- 1 kop mælk, lavt fedtindhold (1%)
- 2 spsk blødt hvedemel
- 4 æggehvider
- 1 æg, hele
- 1 kop hakket kogt skinke
- 2 spsk hakket estragon eller frisk basilikum
- 1/2 tsk salt (valgfrit)
- 1/4 tsk sort peber
- 1/2 kop schweizerost, finthakket

Indikationer:

Forvarm ovnen til 350 grader F. Mikrobølgepeber og asparges i en spiseskefuld vand på HØJ i 2 minutter. Dræning. Pisk mel og mælk, og tilsæt derefter æg og æggehvider, indtil det er godt blandet. Bland grøntsagerne og andre ingredienser undtagen osten i.

Hæld i en 9-tommer kageform og bag i 35 minutter. Drys osten på quichen og bag i yderligere 5 minutter, eller indtil osten smelter. Lad det køle af i 5 minutter og skær derefter i 6 skiver til servering.

Ernæring (pr. 100 g): 138 kalorier 1 g fedt 8 g kulhydrater 13 g protein 588 mg natrium

Æbleost Scones

Forberedelsestid: 20 minutter

Madlavningstid: 15 minutter

Portioner: 10

Sværhedsgrad: medium

Ingredienser:

- 1 kop universalmel
- 1 kop fuldkorn, hvidt mel
- 3 spiseskefulde sukker
- 1 og en halv tsk bagepulver
- 1/2 tsk salt
- 1/2 tsk stødt kanel
- 1/4 tsk bagepulver
- 1 Granny Smith æble i tern
- 1/2 kop revet skarp cheddarost
- 1/3 kop æblemos, naturlig eller usødet
- 1/4 kop mælk, fedtfri (skummet)
- 3 spsk smeltet smør
- 1 æg

Indikationer:

Forbered ovnen til 425 grader F. Forbered panden ved at beklæde den med bagepapir. Bland alle de tørre ingredienser i en skål og bland. Bland osten og æblet i. At lægge til side. Pisk alle de våde ingredienser sammen. Hæld den tørre blanding over, indtil den er samlet og bliver en klistret dej.

Ælt dejen på et meldrysset bord cirka 5 gange. Derefter klappes og strækkes til en 8-tommer cirkel. Skær i 10 diagonale snit.

Læg på bagepladen og sprøjt med madlavningsspray. Kog i 15 minutter eller indtil let brunet. At tjene.

Ernæring (pr. 100 g): 169 kalorier 2 g fedt 26 g kulhydrater 5 g protein 689 mg natrium

Bacon og æg

Forberedelsestid: 15 minutter

Madlavningstid: 15 minutter

Portioner: 4

Sværhedsgrad: let

Ingredienser:

- 1 kop æg-erstatning, uden kolesterol
- 1/4 kop parmesan, hakket
- 2 skiver canadisk bacon i tern
- 1/2 tsk rød chilisauce
- 1/4 tsk sort peber
- 4 x 7-tommer fuldkornstortillas
- 1 kop babyspinatblade

Indikationer:

Forvarm ovnen til 325 grader F. Kombiner de første fem ingredienser for at lave fyldet. Hæld blandingen i en 9-tommers bageplade sprøjtet med madlavningsspray med smørsmag.

Kog i 15 minutter eller indtil æggene har sat sig. Fjern fra ovnen. Sæt tortillaerne i ovnen i et minut. Skær den bagte æggeblanding i kvarte. Placer en fjerdedel i midten af hver tortilla og pynt med ¼ kop spinat. Fold tortillaen fra bunden til midten og derefter begge sider til midten for at omslutte. Server straks.

Ernæring (pr. 100 g): 195 kalorier 3 g fedt 20 g kulhydrater 15 g protein 688 mg natrium

Orange-blåbær muffins

Forberedelsestid: 10 minutter

Madlavningstid: 10-25 minutter

Portioner: 12

Sværhedsgrad: medium

Ingredienser:

- 1 3/4 kopper universalmel
- 1/3 kop sukker
- 2 en halv teskefuld bagepulver
- 1/2 tsk natron
- 1/2 tsk salt
- 1/2 tsk stødt kanel
- 3/4 kop mælk, fedtfri (skummet)
- 1/4 kop smør
- 1 stort æg, let pisket
- 3 spsk optøet appelsinjuice koncentrat
- 1 tsk vanilje
- 3/4 kop friske blåbær

Indikationer:

Forbered ovnen til 400 grader F. Følg trin 2 til 5 i boghvede-, æble- og rosinmuffins Fyld muffinsformene ¾ fyldt med blandingen og bag dem i 20-25 minutter. Lad afkøle i 5 minutter og server lun.

Ernæring (pr. 100 g): 149 kalorier 5 g fedt 24 g kulhydrater 3 g protein 518 mg natrium

14. Bagt ingefær havregryn med pæretopping

Forberedelsestid: 10 minutter

Madlavningstid: 15 minutter

Portioner: 2

Sværhedsgrad: let

Ingredienser:

- 1 kop gammeldags havre
- 3/4 kop mælk, fedtfri (skummet)
- 1 æggehvide
- 1 1/2 tsk frisk revet ingefær eller 3/4 tsk malet ingefær
- 2 spsk brun farin, delt
- 1/2 moden pære, skåret i tern

Indikationer:

Spray 2 6-ounce pander med nonstick madlavningsspray. Forbered ovnen til 350 grader F. Kombiner de første fire ingredienser og en skefuld sukker og bland godt. Hæld jævnt mellem de 2 forme. Komplet med skiver af pære og den resterende skefuld sukker. Bages i 15 minutter. Serveres varm.

Ernæring (pr. 100 g): 268 kalorier 5 g fedt 2 g kulhydrater 10 g protein 779 mg natrium

Vegetarisk omelet i græsk stil

Forberedelsestid: 10 minutter

Madlavningstid: 20 minutter

Portioner: 2

Sværhedsgrad: let

Ingredienser:

- 4 store æg
- 2 spsk fedtfri mælk
- 1/8 tsk salt
- 3 tsk olivenolie, delt
- 2 kopper baby Portobello, skåret i skiver
- 1/4 kop finthakket løg
- 1 kop frisk babyspinat
- 3 spsk fetaost, smuldret
- 2 spsk modne skiver oliven
- Friskkværnet peber

Indikationer:

Pisk de første tre ingredienser sammen. Bland 2 spsk olie i en sliplet gryde ved medium-høj varme. Steg løg og svampe i 5-6 minutter eller til de er gyldenbrune. Rør spinaten i og bring det i kog. Fjern blandingen fra gryden.

Brug den samme pande til at opvarme den resterende olie over medium-lav varme. Hæld æggeblandingen i, og så snart den begynder at stivne, skubbes kanterne ind mod midten for at lade råblandingen flyde. Når æggene har sat sig, hældes grøntsagsblandingen på den ene side. Drys med oliven og feta og fold den anden side for at lukke. Skær i halve og drys med peber til servering.

Ernæring (pr. 100 g): 271 kalorier 2 g fedt 7 g kulhydrater 18 g protein 648 mg natrium

Sommer smoothie

Forberedelsestid: 8 minutter

Madlavningstid: 0 minutter

Portioner: 2

Sværhedsgrad: let

Ingredienser:

- 1/2 banan, skrællet
- 2 kopper jordbær, halveret
- 3 spsk mynte, hakket
- 1 1/2 dl kokosvand
- 1/2 avocado, udstenet og skrællet
- 1 daddel, hakket
- Isterninger efter behov

Indikationer:

Kom alt i en blender og blend til det er glat. Tilsæt isterninger for at tykne og server koldt.

Ernæring (pr. 100 g): 360 kalorier 12 g fedt 5 g kulhydrater 31 g protein 737 mg natrium

Skinke og æg pitas

Forberedelsestid: 5 minutter

Madlavningstid: 15 minutter

Portioner: 4

Sværhedsgrad: let

Ingredienser:

- 6 æg
- 2 skalotteløg, hakket
- 1 tsk olivenolie
- 1/3 kop røget skinke, hakket
- 1/3 kop sød grøn peber, hakket
- 1/4 kop brie ost
- Havsalt og sort peber efter smag
- 4 salatblade
- 2 pitabrød, fuldkorn

Indikationer:

Varm olivenolien op i en stegepande ved middel varme. Tilsæt skalotteløg og grøn peber, kog i fem minutter, omrør ofte.

Tag en skål og pisk æggene, drys med salt og peber. Sørg for, at æggene er godt pisket. Læg æggene i gryden, og bland derefter skinke og ost i. Rør godt rundt og kog indtil blandingen tykner. Del bollerne i to og åbn lommerne. Fordel en teskefuld sennep i hver lomme og tilføj et salatblad til hver. Fordel æggeblandingen i hver og server.

Ernæring (pr. 100 g): 610 kalorier 21 g fedt 10 g kulhydrater 41 g protein 807 mg natrium

Couscous til morgenmad

Forberedelsestid: 5 minutter

Madlavningstid: 15 minutter

Portioner: 4

Sværhedsgrad: medium

Ingredienser:

- 3 kopper mælk, lavt fedtindhold
- 1 kanelstang
- 1/2 kop abrikoser, tørrede og hakkede
- 1/4 kop ribs, tørret
- 1 kop couscous, rå
- En knivspids fint havsalt
- 4 tsk smør, smeltet
- 6 teskefulde brun farin

Indikationer:

Varm en pande op med mælk og kanel ved middelhøj varme. Kog i tre minutter, før du tager gryden af varmen.

Tilsæt abrikoser, couscous, salt, ribs og sukker. Bland godt og dæk til. Stil det til side og lad det hvile i femten minutter.

Kassér kanelstangen og del den mellem skålene. Drys brun farin over inden servering.

Ernæring (pr. 100 g): 520 kalorier 28 g fedt 10 g kulhydrater 39 g protein 619 mg natrium

Ferskensalat til morgenmad

Forberedelsestid: 10 minutter

Madlavningstid: 0 minutter

Portioner: 1

Sværhedsgrad: let

Ingredienser:

- 1/4 kop valnødder, hakket og ristet
- 1 tsk honning, rå
- 1 fersken, udstenet og skåret i skiver
- 1/2 kop hytteost, fedtfri og ved stuetemperatur
- 1 spsk mynte, frisk og hakket
- 1 citron, skal

Indikationer:

Kom ricottaen i en skål og pynt med ferskenskiver og valnødder. Smag til med honning og pynt med mynte.

Drys med citronskal umiddelbart inden servering.

Ernæring (pr. 100 g): 280 kalorier 11 g fedt 19 g kulhydrater 39 g protein 527 mg natrium

Saltet havre

Forberedelsestid: 10 minutter

Madlavningstid: 10 minutter

Portioner: 2

Sværhedsgrad: let

Ingredienser:

- 1/2 kop stålskåret havre
- 1 kop vand
- 1 tomat, stor og hakket
- 1 agurk, hakket
- 1 spsk olivenolie
- Havsalt og sort peber efter smag
- Fladbladet persille, hakket til pynt
- Parmesan, fedtfattig og friskrevet

Indikationer:

Kog havre og en kop vand i en gryde ved høj varme. Rør jævnligt, indtil vandet er fuldstændig absorberet, hvilket vil tage cirka femten minutter. Fordel mellem to skåle og tilsæt tomater og agurk. Hæld olivenolie over og pynt med parmesan. Pynt med persille inden servering.

Ernæring (pr. 100 g): 408 kalorier 13 g fedt 10 g kulhydrater 28 g protein 825 mg natrium

Tahini og æbletoast

Forberedelsestid: 15 minutter

Madlavningstid: 0 minutter

Portioner: 1

Sværhedsgrad: let

Ingredienser:

- 2 spsk tahini
- 2 skiver ristet fuldkornsbrød
- 1 tsk honning, rå
- 1 æble, småt, udkeret og skåret i tynde skiver

Indikationer:

Start med at fordele tahinen på ristet brød og læg derefter æblerne ovenpå. drys med honning inden servering.

Ernæring (pr. 100 g): 366 kalorier 13 g fedt 9 g kulhydrater 29 g protein 686 mg natrium

Røræg basilikum

Forberedelsestid: 5 minutter
Madlavningstid: 10 minutter
Portioner: 2
Sværhedsgrad: let

Ingredienser:

- 4 æg, store
- 2 spsk frisk basilikum, finthakket
- 2 spsk Gruyere ost, revet
- 1 spsk fløde
- 1 spsk olivenolie
- 2 fed hvidløg, finthakket
- Havsalt og sort peber efter smag

Indikationer:

Tag en stor skål og pisk basilikum, ost, fløde og æg. Pisk indtil godt blandet. Tag en stor stegepande ud ved middel-lav varme og varm olien op. Tilsæt hvidløg, kog i et minut. Den skal være gylden.

Hæld æggeblandingen i gryden over hvidløgene, og fortsæt med at røre, mens de koger, så de bliver bløde og luftige. Krydr godt og server varmt.

Ernæring (pr. 100 g): 360 kalorier 14 g fedt 8 g kulhydrater 29 g protein 545 mg natrium

græske kartofler og æg

Forberedelsestid: 10 minutter

Madlavningstid: 30 minutter

Portioner: 2

Sværhedsgrad: let

Ingredienser:

- 3 tomater, udsået og hakket groft
- 2 spsk basilikum, frisk og hakket
- 1 fed hvidløg, finthakket
- 2 spsk + ½ kop olivenolie, delt
- havsalt og sort peber efter smag
- 3 store russiske kartofler
- 4 æg, store
- 1 tsk oregano, frisk og hakket

Indikationer:

Tag foodprocessoren og kom tomaterne deri, bland dem med skindet.

Tilsæt hvidløg, to spiseskefulde olie, salt, peber og basilikum. Bland indtil godt blandet. Kom denne blanding i en gryde, kog tildækket i femogtyve minutter ved lav varme. Din sauce skal være fortykket og boblende.

Skær kartoflerne i tern og læg dem derefter i en gryde med ½ kop olivenolie i en gryde ved middel-lav varme.

Steg kartoflerne til de er sprøde og gyldne. Dette bør tage fem minutter, så dæk gryden og reducer varmen til lav. Damp dem til kartoflerne er klar.

Kom æggene i tomatsaucen og kog ved svag varme i seks minutter. Dine æg vil blive sat.

Tag kartoflerne ud af gryden og dryp dem af med køkkenrulle. Læg dem i en skål. Drys med salt, peber og oregano, og server derefter æggene med kartoflerne. Dryp saucen med blandingen og server varm.

Ernæring (pr. 100 g): 348 kalorier 12 g fedt 7 g kulhydrater 27 g protein 469 mg natrium

Avocado og honning smoothie

Forberedelsestid: 5 minutter

Madlavningstid: 0 minutter

Portioner: 2

Sværhedsgrad: let

Ingredienser:

- 1 og en halv kop sojamælk
- 1 avocado, stor
- 2 spsk honning, rå

Indikationer:

Bland alle ingredienserne sammen og rør til det er glat og server med det samme.

Ernæring (pr. 100 g): 280 kalorier 19 g fedt 11 g kulhydrater 30 g protein 547 mg natrium

Grøntsagsomelet

Forberedelsestid: 5 minutter

Madlavningstid: 10 minutter

Portioner: 2

Sværhedsgrad: let

Ingredienser:

- 1/2 babyaubergine, skrællet og skåret i tern
- 1 håndfuld babyspinatblade
- 1 spsk olivenolie
- 3 æg, store
- 1 tsk mandelmælk
- 1 ounce gedeost, smuldret
- 1/4 lille rød peberfrugt, hakket
- havsalt og sort peber efter smag

Indikationer:

Start med at varme grillen på ovnen, og pisk derefter æggene sammen med mandelmælken. Sørg for, at det er godt blandet, og tag derefter en non-stick bradepande ud. Sæt over medium-høj varme, og tilsæt derefter olivenolie.

Når olien er opvarmet tilsættes æggene. Fordel spinaten over denne blanding i et jævnt lag og tilsæt resten af grøntsagerne.

Reducer varmen til medium og drys med salt og peber. Lad grøntsagerne og æggene koge i fem minutter. Den nederste halvdel af æggene skal være fast og grøntsagerne møre. Tilsæt gedeosten og grill på midterste rille i 3-5 minutter. Æggene skal være helt klar og osten skal smeltes. Skær i tern og server lun.

Ernæring (pr. 100 g): 340 kalorier 16 g fedt 9 g kulhydrater 37 g protein 748 mg natrium

Mini salat ruller

Forberedelsestid: 15 minutter

Madlavningstid: 0 minutter

Portioner: 4

Sværhedsgrad: let

Ingredienser:

- 1 agurk, i tern
- 1 rødløg, skåret i skiver
- 1 ounce fetaost, fedtfattig og smuldret
- 1 citron, presset
- 1 tomat i tern
- 1 spsk olivenolie
- 12 små blade icebergsalat
- havsalt og sort peber efter smag

Indikationer:

Bland tomat, løg, fetaost og agurk i en skål. Bland olie og saft og smag til med salt og peber.

Fyld hvert blad med grøntsagsblandingen og rul det stramt sammen. Brug en tandstik til at holde dem sammen til servering.

Ernæring (pr. 100 g): 291 kalorier 10 g fedt 9 g kulhydrater 27 g protein 655 mg natrium

Æble Cous Cous Med Karry

Forberedelsestid: 20 minutter

Madlavningstid: Fem minutter

Portioner: 4

Sværhedsgrad: medium

Ingredienser:

- 2 tsk olivenolie
- 2 porrer, kun hvide dele, skåret i skiver
- 1 æble i tern
- 2 spsk karrypulver
- 2 kopper couscous, kogt og fuldkorn
- 1/2 kop pekannødder, hakkede

Indikationer:

Varm olien op i en pande ved middel varme. Tilsæt porren og kog indtil den er mør, hvilket vil tage fem minutter. Tilsæt æblet og kog indtil det er blødt.

Tilsæt karry og couscous og bland godt. Fjern fra varmen og tilsæt valnødder umiddelbart før servering.

Ernæring (pr. 100 g): 330 kalorier 12 g fedt 8 g kulhydrater 30 g protein 824 mg natrium

Lammekød og grøntsager

Forberedelsestid: 20 minutter

Madlavningstid: 1 time og 10 minutter

Portioner: 8

Sværhedsgrad: medium

Ingredienser:

- 1/4 kop olivenolie
- 1 pund magert lam, udbenet og skåret i ½-tommers stykker
- 2 store røde kartofler, gnides og skåret i tern
- 1 løg, groft hakket
- 2 fed hvidløg, finthakket
- 28 gram hakkede tomater med væske, dåse og usaltet
- 2 zucchini, skåret i ½-tommers skiver
- 1 rød peberfrugt, frøet og skåret i 1-tommers terninger
- 2 spsk fladbladet persille, hakket
- 1 spsk paprika
- 1 tsk timian
- 1/2 tsk kanel
- 1/2 glas rødvin
- havsalt og sort peber efter smag

Indikationer:

Start med at tænde ovnen på 325, og tag derefter en stor ildfast fad ud. Placer den over medium-høj varme for at opvarme olivenolien. Når olien er varm røres lammet og kødet brunes. Rør jævnligt for at undgå at flyde, og læg derefter lammet i en bradepande. Steg hvidløg, løg og kartofler på panden, indtil de er møre, hvilket skal tage yderligere fem til seks minutter. Tilføj dem også til gryden. Hæld squash, peber og tomater i gryden med krydderurter og krydderier. Lad det simre i yderligere ti minutter, inden du hælder det i gryden. Hæld vin og pebersauce i. Tilsæt tomaten og dæk derefter med folie. Kog i en time. Fjern låget for de sidste femten minutter af madlavningen og juster krydderiet efter behov.

Ernæring (pr. 100 g): 240 kalorier 14 g fedt 8 g kulhydrater 36 g protein 427 mg natrium

Skrubbe med krydderurter

Forberedelsestid: 20 minutter

Madlavningstid: 1 time og 5 minutter

Portioner: 4

Sværhedsgrad: medium

Ingredienser:

- 1/2 kop fladbladet persille, let pakket
- 1/4 kop olivenolie
- 4 fed hvidløg, pillet og halveret
- 2 spsk frisk rosmarin
- 2 spsk timianblade, friske
- 2 spsk salvie, frisk
- 2 spsk citronskal, frisk
- 4 skrubberfileter
- havsalt og sort peber efter smag

Indikationer:

Forvarm ovnen til 350 grader og kom derefter alle ingredienserne undtagen skrubberen i foodprocessoren. Bland indtil det danner en valnøddepasta. Læg fileterne på en bageplade og pensl dem med pastaen. Lad dem køle af i køleskabet i en time. Bages i ti minutter. Smag til og server varm.

Ernæring (pr. 100 g): 307 kalorier 11 g fedt 7 g kulhydrater 34 g protein 824 mg natrium

Blomkålsquinoa

Forberedelsestid: 15 minutter

Madlavningstid: 10 minutter

Portioner: 4

Sværhedsgrad: let

Ingredienser:

- 1 1/2 dl quinoa, kogt
- 3 spsk olivenolie
- 3 kopper blomkålsbuketter
- 2 forårsløg, hakket
- 1 spsk rødvinseddike
- havsalt og sort peber efter smag
- 1 spsk rødvinseddike
- 1 spsk hakket purløg
- 1 spsk hakket persille

Indikationer:

Start med at varme en pande op over medium-høj varme. Tilsæt din olie. Når olien er varm tilsættes forårsløgene og steges i ca. to minutter. Tilsæt quinoa og blomkål, og tilsæt derefter resten af ingredienserne. Bland godt og dæk til. Kog i ni minutter ved middel varme og fordel mellem tallerkener til servering.

Ernæring (pr. 100 g): 290 kalorier 14 g fedt 9 g kulhydrater 26 g protein 656 mg natrium

Mango pære smoothie

Forberedelsestid: 5 minutter

Madlavningstid: 0 minutter

Portioner: 1

Sværhedsgrad: let

Ingredienser:

- 2 isterninger
- ½ kop almindelig græsk yoghurt
- ½ mango, skrællet, udhulet og hakket
- 1 kop grønkål, hakket
- 1 pære, moden, udkernet og hakket

Indikationer:

Bland indtil blandingen er tyk og homogen. Serveres koldt.

Ernæring (pr. 100 g): 350 kalorier 12 g fedt 9 g kulhydrater 40 g protein 457 mg natrium

spinat omelet

Forberedelsestid: 10 minutter

Madlavningstid: 20 minutter

Portioner: 4

Sværhedsgrad: let

Ingredienser:

- 3 spsk olivenolie
- 1 løg, småt og hakket
- 1 fed hvidløg, finthakket
- 4 store tomater, udkernede og hakkede
- 1 tsk havsalt, fint
- 8 sammenpisket æg
- ¼ tsk sort peber
- 2 gram fetaost, smuldret
- 1 spsk fladbladet persille, frisk og hakket

Indikationer:

Forvarm ovnen til 400 grader og hæld olivenolien i et ovnfast fad. Sæt gryden på høj varme, tilsæt løget. Kog i fem til syv minutter. Dit løg skal være blødt.

Tilsæt tomater, salt, peber og hvidløg. Lad det derefter simre i yderligere fem minutter og tilsæt de sammenpiskede æg. Rør let og kog i 3-5 minutter. De skal placeres i bunden. Sæt gryden i ovnen, kog i yderligere fem minutter. Tag ud af ovnen, pynt med persille og fetaost. Serveres varm.

Ernæring (pr. 100 g): 280 kalorier 19 g fedt 10 g kulhydrater 31 g protein 625 mg natrium

Mandelpandekager

Forberedelsestid: 15 minutter

Madlavningstid: 15 minutter

Portioner: 6

Sværhedsgrad: let

Ingredienser:

- 2 kopper mandelmælk, usødet og ved stuetemperatur
- 2 æg, store og ved stuetemperatur
- ½ kop kokosolie, smeltet + mere til smøring
- 2 tsk honning, rå
- ¼ tsk havsalt, fint
- ½ tsk bagepulver
- 1½ dl fuldkornshvedemel
- ½ kop mandelmel
- 1 og en halv tsk bagepulver
- ¼ tsk kanel, stødt

Indikationer:

Tag en stor skål og pisk kokosolie, æg, mandelmælk og honning sammen under omrøring, indtil det er godt blandet.

Tag en mellemstor skål og sigt bagepulver, natron, mandelmel, havsalt, fuldkornshvedemel og kanel sammen. Bland godt.

Tilsæt melblandingen til mælkeblandingen og pisk godt.

Tag en stor bradepande og smør den med kokosolie, inden du sætter den på medium-høj varme. Tilsæt ½ kop pandekagedej.

Kog i tre minutter eller indtil kanterne er faste. Bunden af pandekagen skal være gyldenbrun og boblerne skal bryde overfladen. Steg begge sider.

Rens panden og gentag indtil du har brugt al dejen. Sørg for at smøre panden igen og pynt med frisk frugt, hvis du ønsker det.

Ernæring (pr. 100 g): 205 kalorier 16 g fedt 9 g kulhydrater 36 g protein 828 mg natrium

Quinoa frugtsalat

Forberedelsestid: 25 minutter

Madlavningstid: 0 minutter

Portioner: 4

Sværhedsgrad: let

Ingredienser:

- 2 spsk honning, rå
- 1 kop jordbær, friske og skåret i skiver
- 2 spsk limesaft, frisk
- 1 tsk basilikum, frisk og hakket
- 1 kop quinoa, kogt
- 1 mango, skrællet, udstenet og skåret i tern
- 1 kop brombær, friske
- 1 fersken, udstenet og skåret i tern
- 2 kiwi, skrællet og delt i kvarte

Indikationer:

Start med at blande limesaft, basilikum og honning i en lille skål. Bland jordbær, quinoa, brombær, ferskner, kiwi og mango i en anden skål. Tilsæt honningblandingen og bland til belægning inden servering.

Ernæring (pr. 100 g): 159 kalorier 12 g fedt 9 g kulhydrater 29 g protein 829 mg natrium

Jordbær og rabarber smoothie

Forberedelsestid: 8 minutter

Madlavningstid: 0 minutter

Portioner: 1

Sværhedsgrad: let

Ingredienser:

- 1 kop jordbær, friske og skåret i skiver
- 1 stilk rabarber, hakket
- 2 spsk honning, rå
- 3 isterninger
- 1/8 tsk stødt kanel
- ½ kop almindelig græsk yoghurt

Indikationer:

Start med at tage en lille gryde ud og fyld den med vand. Sæt det på høj varme for at koge op, og tilsæt derefter rabarberne. Kog i tre minutter, før de drænes og overføres til en blender.

Tilsæt yoghurt, honning, kanel og jordbær til blenderen. Tilsæt isen, når den er glat. Bland indtil der ikke er klumper og det bliver tykt. Nyd kulden.

Ernæring (pr. 100 g): 201 kalorier 11 g fedt 9 g kulhydrater 39 g protein 657 mg natrium

Byggrød

Forberedelsestid: 10 minutter

Madlavningstid: 20 minutter

Portioner: 4

Sværhedsgrad: let

Ingredienser:

- 1 kop hvedebær
- 1 kop byg
- 2 kopper mandelmælk, usødet + mere til servering
- ½ kop blåbær
- ½ kop granatæblekerner
- 2 kopper vand
- ½ kop hasselnødder, ristet og hakket
- ¼ kop honning, rå

Indikationer:

Tag en gryde, sæt den på medium-høj varme, og tilsæt derefter mandelmælk, vand, byg og hvedebær. Bring det i kog, inden du sænker varmen og simrer i femogtyve minutter. Rør ofte. Dine bønner skal være møre.

Top hver servering med blåbær, granatæblekerner, hasselnødder, en skefuld honning og et stænk mandelmælk.

Ernæring (pr. 100 g): 150 kalorier 10 g fedt 9 g kulhydrater 29 g protein 546 mg natrium

Honningkager og græskar smoothie

Forberedelsestid: 15 minutter

Madlavningstid: 50 minutter

Portioner: 1

Sværhedsgrad: let

Ingredienser:

- 1 kop mandelmælk, usødet
- 2 tsk chiafrø
- 1 banan
- ½ kop græskarpuré på dåse
- ¼ tsk ingefær, stødt
- ¼ tsk kanel, stødt
- 1/8 tsk muskatnød, stødt

Indikationer:

Start med at tage en skål frem og bland chai-frø og mandelmælk sammen. Lad dem trække i mindst en time, men du kan trække dem natten over. Overfør dem til en blender.

Tilsæt de resterende ingredienser og bland til en jævn masse. Serveres koldt.

Ernæring (pr. 100 g): 250 kalorier 13 g fedt 7 g kulhydrater 26 g protein 621 mg natrium

Grøn juice

Forberedelsestid: 5 minutter

Madlavningstid: 0 minutter

Portioner: 1

Sværhedsgrad: let

Ingredienser:

- 3 kopper mørkegrønne bladgrøntsager
- 1 agurk
- ¼ kop frisk italiensk persille
- ¼ ananas i tern
- ½ grønt æble
- ½ appelsin
- ½ citron
- Et nip friskrevet ingefær

Indikationer:

Brug en juicer, purér grøntsager, agurk, persille, ananas, æble, appelsin, citron og ingefær, hæld i en stor kop og server.

Ernæring (pr. 100 g): 200 kalorier 14 g fedt 6 g kulhydrater 27 g protein 541 mg natrium

Smoothie med nødder og dadler

Forberedelsestid: 10 minutter

Madlavningstid: 0 minutter

Portioner: 2

Sværhedsgrad: let

Ingredienser:

- 4 dadler med huller
- ½ kop mælk
- 2 kopper almindelig græsk yoghurt
- 1/2 kop valnødder
- ½ tsk kanel, stødt
- ½ tsk vaniljeekstrakt, ren
- 2-3 isterninger

Indikationer:

Bland det hele, indtil det er glat, og server derefter koldt.

Ernæring (pr. 100 g): 109 kalorier 11 g fedt 7 g kulhydrater 29 g protein 732 mg natrium

Frugt milkshake

Forberedelsestid: 5 minutter

Madlavningstid: 0 minutter

Portioner: 2

Sværhedsgrad: let

Ingredienser:

- 2 kopper blåbær
- 2 kopper usødet mandelmælk
- 1 kop knust is
- ½ tsk malet ingefær

Indikationer:

Kom blåbær, mandelmælk, is og ingefær i en blender. Bland indtil glat.

Ernæring (pr. 100 g): 115 kalorier 10 g fedt 5 g kulhydrater 27 g protein 912 mg natrium

Banan og chokolade smoothie

Forberedelsestid: 5 minutter

Madlavningstid: 0 minutter

Portioner: 2

Sværhedsgrad: let

Ingredienser:

- 2 flåede bananer
- 1 kop skummetmælk
- 1 kop knust is
- 3 spsk usødet kakaopulver
- 3 spiseskefulde honning

Indikationer:

I en blender blandes bananer, mandelmælk, is, kakaopulver og honning. Bland indtil du får en homogen blanding.

Ernæring (pr. 100 g): 150 kalorier 18 g fedt 6 g kulhydrater 30 g protein 821 mg natrium

Yoghurt med blåbær, honning og mynte

Forberedelsestid: 5 minutter

Madlavningstid: 0 minutter

Portioner: 2

Sværhedsgrad: let

Ingredienser:

- 2 kopper usødet, fedtfri græsk yoghurt
- 1 kop blåbær
- 3 spiseskefulde honning
- 2 spsk hakkede friske mynteblade

Indikationer:

Fordel yoghurten i 2 skåle. Top med blåbær, honning og mynte.

Ernæring (pr. 100 g): 126 kalorier 12 g fedt 8 g kulhydrater 37 g protein 932 mg natrium

Parfait med bær og yoghurt

Forberedelsestid: 5 minutter

Madlavningstid: 0 minutter

Portioner: 2

Sværhedsgrad: let

Ingredienser:

- 1 kop hindbær
- 1½ kopper usødet, fedtfri græsk yoghurt
- 1 kop brombær
- ¼ kop hakkede valnødder

Indikationer:

Stak hindbær, yoghurt og brombær i 2 skåle. Drys over valnødderne.

Ernæring (pr. 100 g): 119 kalorier 13 g fedt 7 g kulhydrater 28 g protein 732 mg natrium

Havregryn med bær og solsikkekerner

Forberedelsestid: 5 minutter

Madlavningstid: 10 minutter

Portioner: 4

Sværhedsgrad: let

Ingredienser:

- 1 kop vand
- ½ kop usødet mandelmælk
- en knivspids salt
- 1 kop gammeldags havre
- ½ kop blåbær
- ½ kop hindbær
- ¼ kop solsikkekerner

Indikationer:

Kog vandet med mandelmælk og havsalt i en mellemgryde ved middelhøj varme.

Tilsæt havren. Sænk varmen til middel-lav og fortsæt med at røre og koge i 5 minutter. Dæk til og lad havregrynene sidde i yderligere 2 minutter. Rør rundt og server toppet med blåbær, hindbær og solsikkekerner.

Ernæring (pr. 100 g): 106 kalorier 9 g fedt 8 g kulhydrater 29 g protein 823 mg natrium

Hurtigt korn af mandler og ahorn

Forberedelsestid: 5 minutter

Madlavningstid: 10 minutter

Portioner: 4

Sværhedsgrad: let

Ingredienser:

- 1½ dl vand
- ½ kop usødet mandelmælk
- en knivspids salt
- ½ kop hurtigkogt semulje
- ½ tsk stødt kanel
- ¼ kop ren ahornsirup
- ¼ kop mandler i flager

Indikationer:

Kom vand, mandelmælk og havsalt i en mellemstor gryde over medium-høj varme og vent til det koger.

Under konstant omrøring med en træske, tilsæt langsomt kornene. Fortsæt med at røre for at undgå klumper og bring blandingen i kog. Reducer varmen til en medium-lav indstilling. Lad det simre et par minutter under jævnlig omrøring, indtil vandet er helt absorberet. Bland kanel, sirup og mandler i. Kog i yderligere 1 minut under omrøring.

Ernæring (pr. 100 g): 126 kalorier 10 g fedt 7 g kulhydrater 28 g protein 851 mg natrium

Bananhavre

Forberedelsestid: 10 minutter

Madlavningstid: 10 minutter

Portioner: 2

Sværhedsgrad: let

Ingredienser:

- 1 banan, skrællet og skåret i skiver
- ¾ c. mandelmælk
- ½ c. koldbrygget kaffe
- 2 dadler med huller
- 2 spsk. kakaopulver
- 1 c. havregryn
- 1 og en halv spsk. Chia frø

Indikationer:

Brug en blender til at tilsætte alle ingredienserne. Arbejd godt i 5 minutter og server.

Ernæring (pr. 100 g): 288 kalorier 4,4 g fedt 10 g kulhydrater 5,9 g protein 733 mg natrium

Sandwich til morgenmad

Forberedelsestid: 5 minutter

Madlavningstid: 20 minutter

Portioner: 4

Sværhedsgrad: let

Ingredienser:

- 4 flerkorns sandwich
- 4 tsk. olivenolie
- 4 æg
- 1 spsk. rosmarin, frisk
- 2 c. babyspinatblade, friske
- 1 tomat, skåret i skiver
- 1 spsk. af fetaost
- En knivspids kosher salt
- Kværnet sort peber

Indikationer:

Forvarm ovnen til 375 F / 190 C. Pensl siderne af de tynde sektioner med 2 tsk. olivenolie og læg dem på en bageplade. Steg og ryst i 5 minutter, eller indtil kanterne er let brunede.

Tilsæt den resterende olivenolie og rosmarin til en gryde for at varme op ved høj varme. Knæk og læg de hele æg et ad gangen i gryden. Blommen skal stadig være flydende, men æggehviderne skal stivne.

Knæk blommerne med en spatel. Vend ægget og steg på den anden side, indtil det er gennemstegt. Tag æggene af varmen. Arranger de ristede sandwichskiver på 4 separate tallerkener. Guddommelig spinat blandt de subtile.

Dæk hver tynd med to tomatskiver, et kogt æg og 1 spsk. af fetaost. Drys let med salt og peber efter smag. Læg de resterende tynde halvdele af sandwichen ovenpå, og de er klar til servering.

Ernæring (pr. 100 g): 241 kalorier 12,2 g fedt 60,2 g kulhydrater 21 g protein 855 mg natrium

Morgen couscous

Forberedelsestid: 10 minutter

Madlavningstid: 8 minutter

Portioner: 4

Sværhedsgrad: medium

Ingredienser:

- 3 c. skummetmælk
- 1 c. hel couscous, rå
- 1 kanelstang
- ½ hakket abrikos, tørret
- ¼ c. ribs, tørret
- 6 tsk. brunt sukker
- ¼ tsk. salt
- 4 tsk. smeltet smør

Indikationer:

Tag en stor gryde og bland mælk og kanelstang og varm op ved middel varme. Varm op i 3 minutter, eller indtil der dannes mikrobobler rundt om kanterne af gryden. Lad være med at lave mad. Tag af varmen, tilsæt couscous, abrikoser, ribs, salt og 4 tsk. Brunt sukker. Dæk blandingen til og lad den hvile i 15 minutter. Fjern og kassér kanelstangen. Fordel couscousen i 4 skåle og dæk hver med 1 tsk. smeltet smør og ½ tsk. Brunt sukker. Klar til servering.

Ernæring (pr. 100 g): 306 kalorier 6 g fedt 5 g kulhydrater 9 g protein 944 mg natrium

Avocado og æble smoothie

Forberedelsestid: 5 minutter

Madlavningstid: 0 minutter

Portioner: 2

Sværhedsgrad: let

Ingredienser:

- 3 c. spinat
- 1 grønt æble uden kerne, hakket
- 1 avocado, udhulet, skrællet og hakket
- 3 spsk. Chia frø
- 1 tsk. honning
- 1 frossen banan, skrællet
- 2 c. kokosmælk

Indikationer:

Brug blenderen og tilsæt alle ingredienserne. Arbejd godt i 5 minutter for at få en blød konsistens og server i et glas.

Ernæring (pr. 100 g): 208 kalorier 10,1 g fedt 6 g kulhydrater 7 g protein 924 mg natrium

Mini omelet

Forberedelsestid: 10 minutter

Madlavningstid: 20 minutter

Portioner: 8

Sværhedsgrad: let

Ingredienser:

- 1 gult løg, hakket
- 1 c. Revet parmesanost
- 1 hakket gul peberfrugt
- 1 hakket rød peberfrugt
- 1 hakket squash
- Salt og sort peber
- Et skvæt olivenolie
- 8 sammenpisket æg
- 2 spsk. hakket purløg

Indikationer:

Sæt en pande på medium-høj varme. Tilsæt olie for at genopvarme. Bland alle ingredienserne undtagen purløg og æg. Brun i cirka 5 minutter.

Læg æggene på en muffinform og pynt med purløg. Indstil ovnen til 350 F / 176 C. Sæt muffinformen i ovnen for at bage i ca. 10 minutter. Anret æggene på en tallerken med de sauterede grøntsager.

Ernæring (pr. 100 g): 55 kalorier 3 g fedt 0,7 g kulhydrater 9 g protein 844 mg natrium

Soltørret tomat havregryn

Forberedelsestid: 10 minutter

Madlavningstid: 25 minutter

Portioner: 4

Sværhedsgrad: let

Ingredienser:

- 3 c. vand
- 1 c. mandelmælk
- 1 spsk. olivenolie
- 1 c. stålskåret havre
- ¼ c. hakkede tomater, soltørrede
- En knivspids rød peberflager

Indikationer:

Brug en pande, tilsæt vand og mælk for at blande. Sæt på middel varme og lad det koge. Forbered en anden pande over medium-høj varme. Varm olien op og tilsæt havregryn for at koge i 2 minutter. Overfør til den første gryde plus tomaterne og bland. Lad det simre i cirka 20 minutter. Læg i serveringsskåle og pynt med chiliflager. At nyde.

Ernæring (pr. 100 g): 170 kalorier 17,8 g fedt 1,5 g kulhydrater 10 g protein 645 mg natrium

Æg på avocado

Forberedelsestid: 5 minutter

Madlavningstid: 15 minutter

Portioner: 6

Sværhedsgrad: let

Ingredienser:

- 1 tsk. Hvidløgs pulver
- ½ tsk. havsalt
- ¼ c. revet parmesanost
- ¼ tsk. sort peber
- 3 udstenede avocadoer, halveret
- 6 æg

Indikationer:

Forbered muffinsformene og sæt ovnen på 176 C. Del avocadoen. For at sikre, at ægget passer ind i avocadohulen, skrab let 1/3 af kødet.

Læg avocadoen på en muffinform for at sikre, at den vender mod toppen. Krydr hver avocado jævnt med peber, salt og hvidløgspulver. Tilføj et æg til hvert avocadohulrum og pynt toppen med ost. Sæt i ovnen til æggehviden har sat sig, cirka 15 minutter. Server og nyd.

Ernæring (pr. 100 g): 252 kalorier 20 g fedt 2 g kulhydrater 5 g protein 946 mg natrium

Brekky Egg- Kartoffelhash

Forberedelsestid: 10 minutter

Madlavningstid: 25 minutter

Portioner: 2

Sværhedsgrad: let

Ingredienser:

- 1 squash i tern
- ½ c. Kyllingebouillon
- 1/2 pund eller 220 g kogt kylling
- 1 spsk. olivenolie
- 4 oz. eller 113 g rejer
- Salt og sort peber
- 1 sød kartoffel i tern
- 2 æg
- ¼ tsk. cayennepeber
- 2 tsk. Hvidløgs pulver
- 1 c. frisk spinat

Indikationer:

Tilsæt olivenolie til en pande. Steg rejer, kogt kylling og sød kartoffel i 2 minutter. Tilsæt cayennepeber, hvidløgspulver og bland i 4 minutter. Tilsæt courgetterne og bland i yderligere 3 minutter.

Pisk æggene i en skål og kom dem i gryden. Smag til med salt og peber. Dæk med låg. Kog i yderligere 1 minut og rør hønsefonden i.

Dæk til og kog i yderligere 8 minutter ved høj varme. Tilsæt spinaten, rør i yderligere 2 minutter og server.

Ernæring (pr. 100 g): 198 kalorier 0,7 g fedt 7 g kulhydrater 10 g protein 725 mg natrium

Tomat og basilikumsuppe

Forberedelsestid: 10 minutter

Madlavningstid: 25 minutter

Portioner: 2

Sværhedsgrad: medium

Ingredienser:

- 2 spsk. grøntsagsbouillon
- 1 finthakket fed hvidløg
- ½ c. hvidløg
- 1 stilk selleri, hakket
- 1 hakket gulerod
- 3 c. tomater, hakkede
- Salt og peber
- 2 laurbærblade
- 1 ½ c. usødet mandelmælk
- 1/3 c. basilikumblade

Indikationer:

Bring grøntsagsfonden i kog i en stor gryde ved middel varme. Tilsæt hvidløg og løg og steg i 4 minutter. Tilsæt gulerødder og selleri. Kog i 1 minut mere.

Tilsæt tomaterne og bring det i kog. Kog i 15 minutter. Tilsæt mandelmælk, basilikum og laurbærblade. Smag til og server.

Ernæring (pr. 100 g): 213 kalorier 3,9 g fedt 9 g kulhydrater 11 g protein 817 mg natrium

Græskar hummus

Forberedelsestid: 10 minutter

Madlavningstid: 15 minutter

Portioner: 4

Sværhedsgrad: let

Ingredienser:

- 2 pund eller 900 g butternut squash uden kerner, skrællet
- 1 spsk. olivenolie
- ¼ c. tahin
- 2 spsk. citronsaft
- 2 hakkede fed hvidløg
- Salt og peber

Indikationer:

Forvarm ovnen til 300 F / 148 C. Dæk squashen med olivenolie. Læg i en bageplade for at bage i ovnen i 15 minutter. Når græskarret er kogt, kommes det i en foodprocessor med resten af ingredienserne.

Bland indtil glat. Server med gulerødder og knoldselleri. For yderligere brug af stedet i individuelle beholdere, vedhæft en etiket og opbevar i køleskabet. Lad det varme op til stuetemperatur, før det genopvarmes i mikrobølgeovnen.

Ernæring (pr. 100 g): 115 kalorier 5,8 g fedt 6,7 g kulhydrater 10 g protein 946 mg natrium

Skinke muffins

Forberedelsestid: 10 minutter

Madlavningstid: 15 minutter

Portioner: 6

Sværhedsgrad: medium

Ingredienser:

- 9 skiver skinke
- 1/3 c. hakket spinat
- ¼ c. smuldret fetaost
- ½ c. hakket ristet rød peber
- Salt og sort peber
- 1 og en halv spsk. basilikum pesto
- 5 sammenpisket æg

Indikationer:

Smør en muffinform. Brug 1½ skiver skinke til at beklæde hver af muffinsformene. Med undtagelse af sort peber, salt, pesto og æg fordeles resten af ingredienserne i skinkekopperne. Brug en skål og pisk peber, salt, pesto og æg sammen. Hæld peberblandingen over. Indstil ovnen til 400 F / 204 C og bag i cirka 15 minutter. Server straks.

Ernæring (pr. 100 g): 109 kalorier 6,7 g fedt 1,8 g kulhydrater 9 g protein 386 mg natrium

Spelt salat

Forberedelsestid: 10 minutter

Madlavningstid: 0 minutter

Portioner: 2

Sværhedsgrad: let

Ingredienser:

- 1 spsk. olivenolie
- Salt og sort peber
- 1 bundt babyspinat, hakket
- 1 avocado, udhulet, skrællet og hakket
- 1 finthakket fed hvidløg
- 2 c. kogt spelt
- ½ c. cherrytomater i tern

Indikationer:

Juster blusset til medium temperatur. Kom olien i en gryde og varm den op. Tilsæt resten af ingredienserne. Kog blandingen i cirka 5 minutter. Læg på et fad og nyd.

Ernæring (pr. 100 g): 157 kalorier 13,7 g fedt 5,5 g kulhydrater 6 g protein 615 mg natrium

Blåbær og dadler

Forberedelsestid: 10 minutter

Madlavningstid: 20 minutter

Portioner: 10

Sværhedsgrad: let

Ingredienser:

- 12 dadler med huller, hakket
- 1 tsk. vanille ekstrakt
- ¼ c. honning
- ½ c. havregryn
- ¾ c. tørrede tranebær
- ¼ c. smeltet mandelavocadoolie
- 1 c. hakkede valnødder, ristede
- ¼ c. græskarkerner

Indikationer:

Brug en skål til at blande alle ingredienser for at kombinere.

Beklæd en bageplade med bagepapir. Tryk blandingen på layoutet. Sæt i fryseren i cirka 30 minutter. Skær i 10 firkanter og nyd.

Ernæring (pr. 100 g): 263 kalorier 13,4 g fedt 14,3 g kulhydrater 7 g protein 845 mg natrium

Linser og cheddar omelet

Forberedelsestid: 5 minutter

Madlavningstid: 17 minutter

Portioner: 4

Sværhedsgrad: let

Ingredienser:

- 1 hakket rødløg
- 2 spsk. olivenolie
- 1 c. kogte søde kartofler, hakket
- ¾ c. hakket skinke
- 4 sammenpisket æg
- ¾ c. kogte linser
- 2 spsk. græsk yoghurt
- Salt og sort peber
- ½ c. cherrytomater skåret i halve,
- ¾ c. revet cheddarost

Indikationer:

Juster varmen til medium varme og stil en pande på den. Tilsæt olie for at genopvarme. Rør løget i og lad det brune i cirka 2 minutter. Med undtagelse af osten og ægget tilsættes de øvrige ingredienser og koges i yderligere 3 minutter. Tilsæt æggene, pynt med osten. Kog tildækket i yderligere 10 minutter.

Skær omeletten i skiver, kom den i skåle og nyd.

Ernæring (pr. 100 g): 274 kalorier 17,3 g fedt 3,5 g kulhydrater 6 g protein 843 mg natrium

Tun sandwich

Forberedelsestid: 5 minutter

Madlavningstid: Fem minutter

Portioner: 2

Sværhedsgrad: let

Ingredienser:

- 6 oz. eller 170 g tun på dåse, drænet og i flager
- 1 avocado, udhulet, skrællet og knust
- 4 skiver fuldkornsbrød
- En knivspids salt og sort peber
- 1 spsk. smuldret fetaost
- 1 c. lille spinat

Indikationer:

Brug en skål til at blande peber, salt, tun og ost for at blande. Fordel en avocadopuré på brødskiverne.

Fordel på samme måde tun- og spinatblandingen mellem 2 af skiverne. Komplet med de resterende 2 skiver. At tjene.

Ernæring (pr. 100 g): 283 kalorier 11,2 g fedt 3,4 g kulhydrater 8 g protein 754 mg natrium

Spelt salat

Forberedelsestid: 15 minutter
Madlavningstid: 30 minutter
Portioner: 4
Sværhedsgrad: medium

Ingredienser:

- <u>salat</u>
- 2½ dl grøntsagsbouillon
- ¾ kop smuldret fetaost
- 1 dåse kikærter, afdryppet
- 1 agurk, hakket
- 1 ½ dl perlespelt
- 1 spsk olivenolie
- ½ hakket løg
- 2 kopper babyspinat, hakket
- 1 liter cherrytomater
- 1 ¼ kopper vand
- <u>Krydderi:</u>
- 2 spsk citronsaft
- 1 spiseskefuld honning
- ¼ kop olivenolie
- ¼ tsk oregano
- 1 knivspids rød peberflager
- ¼ tsk salt

- 1 spsk rødvinseddike

Indikationer:

Varm olien op i en pande. Tilsæt spelt og kog i et minut. Sørg for at røre det jævnligt under madlavningen. Tilsæt vand og bouillon og bring det i kog. Sænk varmen og kog indtil farroen er mør, cirka 30 minutter. Hæld vandet fra og hæld spelt i en skål.

Tilsæt spinaten og bland. Lad det køle af i cirka 20 minutter. Tilsæt agurk, løg, tomater, paprika, kikærter og fetaost. Bland godt for at få en god blanding. Træd et skridt tilbage og forbered dressingen.

Bland alle ingredienserne til dressingen og bland godt til en jævn masse. Hæld det i skålen og bland godt. Krydr godt efter smag.

Ernæring (pr. 100 g): 365 kalorier 10 g fedt 43 g kulhydrater 13 g protein 845 mg natrium

Kikærte- og zucchinisalat

Forberedelsestid: 10 minutter

Madlavningstid: 0 minutter

Portioner: 3

Sværhedsgrad: let

Ingredienser:

- ¼ kop balsamicoeddike
- 1/3 kop hakkede basilikumblade
- 1 spsk kapers, drænet og hakket
- ½ kop smuldret fetaost
- 1 dåse kikærter, afdryppet
- 1 finthakket fed hvidløg
- ½ kop Kalamata oliven, hakket
- 1/3 kop olivenolie
- ½ kop sødt løg, hakket
- ½ tsk oregano
- 1 knivspids knust rød peberflager
- ¾ kop rød peber, hakket
- 1 spsk hakket rosmarin
- 2 kopper zucchini i tern
- Salt og peber efter smag

Indikationer:

Bland grøntsagerne i en skål og dæk godt til.

Server ved stuetemperatur. Men for de bedste resultater skal du stille skålen på køl i et par timer før servering for at give smagene mulighed for at blande sig.

Ernæring (pr. 100 g): 258 kalorier 12 g fedt 19 g kulhydrater 5,6 g protein 686 mg natrium

Provencalsk artiskoksalat

Forberedelsestid: 15 minutter

Madlavningstid: Fem minutter

Portioner: 3

Sværhedsgrad: let

Ingredienser:

- 250 g artiskokhjerter
- 1 tsk hakket basilikum
- 2 fed hvidløg, finthakket
- 1 citronskal
- 1 spsk oliven, hakket
- 1 spsk olivenolie
- ½ hakket løg
- 1 knivspids, ½ tsk salt
- 2 tomater, hakkede
- 3 spiseskefulde vand
- ½ glas hvidvin
- Salt og peber efter smag

Indikationer:

Varm olien op i en pande. Steg løg og hvidløg. Steg til løget er gennemsigtigt og krydr med en knivspids salt. Hæld hvidvinen i og lad det simre til vinen er reduceret til det halve.

Tilsæt tomatkød, artiskokhjerter og vand. Kog ved lav varme og tilsæt derefter citronskal og ca. ½ tsk salt. Dæk til og kog i cirka 6 minutter.

Tilsæt oliven og basilikum. Krydr godt og nyd!

Ernæring (pr. 100 g): 147 kalorier 13 g fedt 18 g kulhydrater 4 g protein 689 mg natrium

Bulgarsk salat

Forberedelsestid: 10 minutter

Madlavningstid: 20 minutter

Portioner: 2

Sværhedsgrad: medium

Ingredienser:

- 2 kopper bulgur
- 1 spiseskefuld smør
- 1 agurk, skåret i stykker
- ¼ kop dild
- ¼ kop sorte oliven, halveret
- 1 spsk, 2 teskefulde olivenolie
- 4 kopper vand
- 2 tsk rødvinseddike
- salt, lige nok

Indikationer:

Rist bulguren på en pande over en blanding af smør og olivenolie. Kog indtil bulguren er gyldenbrun og begynder at gå i stykker.

Tilsæt vandet og smag til med salt. Pak det hele ind og lad det simre i cirka 20 minutter eller indtil bulguren er mør.

I en skål blandes agurkestykkerne med olivenolie, dild, rødvinseddike og sorte oliven. Bland alt godt.

Kombiner agurk og bulgur.

Ernæring (pr. 100 g): 386 kalorier 14 g fedt 55 g kulhydrater 9 g protein 545 mg natrium

Skål med falafelsalat

Forberedelsestid: 15 minutter

Madlavningstid: Fem minutter

Portioner: 2

Sværhedsgrad: let

Ingredienser:

- 1 spsk varm hvidløgssauce
- 1 spsk hvidløg og dildsauce
- 1 pakke vegetarisk falafel
- 1 dåse hummus
- 2 spsk citronsaft
- 1 spsk kalamata oliven med pit
- 1 spsk ekstra jomfru olivenolie
- 1/4 kop løg, i tern
- 2 kopper hakket persille
- 2 kopper crusty pita
- 1 knivspids salt
- 1 spsk tahinisauce
- ½ kop tomat i tern

Indikationer:

Kog den tilberedte falafel. Læg det til side. Lav salaten. Bland persille, løg, tomat, citronsaft, olivenolie og salt. Smid alt væk og sæt det til side. Overfør det hele til serveringsskåle. Tilsæt persillen og dæk med humus og falafel. Drys skålen med tahinisauce, chili- og hvidløgssauce og dildsauce. Ved servering tilsættes citronsaften og salaten blandes godt sammen. Server med pitabrød ved siden af.

Ernæring (pr. 100 g): 561 kalorier 11 g fedt 60,1 g kulhydrater 18,5 g protein 944 mg natrium

Simpel græsk salat

Forberedelsestid: 15 minutter

Madlavningstid: 0 minutter

Portioner: 2

Sværhedsgrad: let

Ingredienser:

- 120 g græsk feta i tern
- 5 agurker, skåret på langs
- 1 tsk honning
- 1 citron, tygget og revet
- 1 kop Kalamata oliven, udstenede og halveret
- ¼ kop ekstra jomfru olivenolie
- 1 løg, skåret i skiver
- 1 tsk oregano
- 1 knivspids frisk oregano (til pynt)
- 12 tomater i kvarte
- ¼ kop rødvinseddike
- Salt og peber efter smag

Indikationer:

Læg løget i blød i saltet vand i en skål i 15 minutter. I en stor skål kombineres honning, citronsaft, citronskal, oregano, salt og peber. Bland alt sammen. Tilsæt gradvist olivenolie, mens du pisker, indtil olien emulgerer. Tilsæt oliven og tomater. Gør det rigtigt. Tilsæt agurkerne

Dræn løgene opblødt i saltet vand og tilsæt dem til salatblandingen. Afslut salaten med frisk oregano og fetaost. Pensl med olivenolie og krydr med peber.

Ernæring (pr. 100 g): 292 kalorier 17 g fedt 12 g kulhydrater 6 g protein 743 mg natrium

Rucolasalat med figner og valnødder

Forberedelsestid: 15 minutter

Madlavningstid: 10 minutter

Portioner: 2

Sværhedsgrad: let

Ingredienser:

- 150 g raket
- 1 gulerod, revet
- 1/8 tsk cayennepeber
- 3 ounce gedeost, smuldret
- 1 krukke usaltede kikærter, drænet
- ½ kop tørrede figner i tern
- 1 tsk honning
- 3 spsk olivenolie
- 2 tsk balsamicoeddike
- ½ valnødder delt i to
- salt, lige nok

Indikationer:

Forvarm ovnen til 175 grader. Kom valnødderne, 1 spsk olivenolie, cayennepeber og 1/8 tsk salt i et ovnfast fad. Sæt gryden i ovnen og rist til valnødderne er gyldenbrune. Læg det til side, når du er færdig.

Bland honning, balsamicoeddike, 2 spsk olie og ¾ tsk salt i en skål.

I en stor skål kombineres rucola, gulerod og figner. Tilsæt valnødder og gedeost og smag til med balsamicohonningvinaigretten. Sørg for at dække alt.

Ernæring (pr. 100 g): 403 kalorier 9 g fedt 35 g kulhydrater 13 g protein 844 mg natrium

Blomkålssalat med tahinvinaigrette

Forberedelsestid: 15 minutter

Madlavningstid: Fem minutter

Portioner: 2

Sværhedsgrad: medium

Ingredienser:

- 1½ pund blomkål
- ¼ kop tørrede kirsebær
- 3 spsk citronsaft
- 1 spsk frisk mynte, hakket
- 1 tsk olivenolie
- ½ kop hakket persille
- 3 spsk saltede ristede pistacienødder, hakket
- ½ tsk salt
- ¼ kop skalotteløg, hakket
- 2 spsk tahini

Indikationer:

Riv blomkålen i en mikroovnssikker beholder. Tilsæt olivenolie og ¼ salt. Sørg for at dække og krydre blomkålen jævnt. Pak skålen ind i husholdningsfilm og varm den i mikroovnen i cirka 3 minutter.

Kom risene med blomkålen på en bageplade og lad det køle af i cirka 10 minutter. Tilsæt citronsaft og skalotteløg. Lad hvile, så blomkålen suger smagen til sig.

Tilsæt blandingen af tahin, kirsebær, persille, mynte og salt. Bland alt godt. Drys med ristede pistacienødder inden servering.

Ernæring (pr. 100 g): 165 kalorier 10 g fedt 20 g kulhydrater 6 g protein 651 mg natrium

middelhavs kartoffelsalat

Forberedelsestid: 15 minutter

Madlavningstid: 10 minutter

Portioner: 2

Sværhedsgrad: let

Ingredienser:

- 1 bundt basilikumblade, hakket
- 1 fed hvidløg, knust
- 1 spsk olivenolie
- 1 løg, skåret i skiver
- 1 tsk oregano
- 100 g ristet rød peber. Diske
- 300 g kartofler, skåret i halve
- 1 dåse cherrytomater
- Salt og peber efter smag

Indikationer:

Steg løget i en gryde. Tilsæt oregano og hvidløg. Kog alt i et minut. Tilsæt peber og tomater. Krydr godt og lad det simre i cirka 10 minutter. Læg det til side.

I en gryde koges kartoflerne i rigeligt saltet vand. Kog indtil de er møre, cirka 15 minutter. Dræn godt af. Bland kartoflerne med saucen og tilsæt basilikum og oliven. Til sidst kasseres det hele inden servering.

Ernæring (pr. 100 g): 111 kalorier 9 g fedt 16 g kulhydrater 3 g protein 745 mg natrium

Quinoa og pistacie salat

Forberedelsestid: 10 minutter

Madlavningstid: 15 minutter

Portioner: 2

Sværhedsgrad: let

Ingredienser:

- ¼ tsk spidskommen
- ½ kop tørrede ribs
- 1 tsk revet citronskal
- 2 spsk citronsaft
- ½ kop grønt løg, hakket
- 1 spsk hakket mynte
- 2 spsk ekstra jomfru olivenolie
- ¼ kop hakket persille
- ¼ tsk kværnet peber
- 1/3 kop hakkede pistacienødder
- 1 ¼ kopper rå quinoa
- 1 2/3 dl vand

Indikationer:

Kom 1 2/3 dl vand, rosiner og quinoa i en gryde. Bring det hele i kog og sænk derefter varmen. Kog det hele i cirka 10 minutter og lad quinoaen blive skummende. Stil det til side i cirka 5 minutter. Overfør quinoablandingen til en beholder. Tilsæt valnødder, mynte, løg og persille. Bland alt sammen. I en separat skål kombineres citronskal, citronsaft, ribs, spidskommen og olie. Flet dem sammen. Bland de tørre og våde ingredienser.

Ernæring (pr. 100 g): 248 kalorier 8 g fedt 35 g kulhydrater 7 g protein 914 mg natrium

Agurk kyllingesalat med krydret jordnøddedressing

Forberedelsestid: 15 minutter

Madlavningstid: 0 minutter

Portioner: 2

Sværhedsgrad: medium

Ingredienser:

- 1/2 kop jordnøddesmør
- 1 spsk sambal oelek (chilipasta)
- 1 spsk sojasovs med lavt natriumindhold
- 1 tsk grillet sesamolie
- 4 spsk vand, eller mere hvis nødvendigt
- 1 agurk, skrællet og skåret i tynde strimler
- 1 kogt kyllingefilet, revet i tynde strimler
- 2 spsk hakkede jordnødder

Indikationer:

Kom jordnøddesmør, sojasauce, sesamolie, sambal oelek og vand i en skål. Læg agurkeskiverne på en tallerken. Pynt med strimlet kylling og drys sauce over. Drys de hakkede peanuts.

Ernæring (pr. 100 g): 720 kalorier 54 g fedt 8,9 g kulhydrater 45,9 g protein 733 mg natrium

Paella af grøntsager

Forberedelsestid: 25 minutter

Madlavningstid: 45 minutter

Portioner: 6

Sværhedsgrad: medium

Ingredienser:

- ¼ kop olivenolie
- 1 stort sødt løg
- 1 stor rød peberfrugt
- 1 stor grøn peberfrugt
- 3 fed hvidløg, finthakket
- 1 tsk røget paprika
- 5 tråde safran
- 1 squash, skåret i ½-tommers tern
- 4 store modne tomater, skrællet, frøet og hakket
- 1 1/2 kop kortkornet spansk ris
- 3 kopper grøntsagsbouillon, opvarmet

Indikationer:

Forvarm ovnen til 350° F. Steg olivenolien ved middel varme. Tilsæt løg, rød og grøn peber og steg i 10 minutter.

Bland hvidløg, paprika, safran, squash og tomater i. Sænk varmen til medium-lav og kog i 10 minutter.

Tilsæt ris og grøntsagsfond. Øg varmen for at bringe paellaen i kog. Skru varmen til medium-lav og kog i 15 minutter. Pak gryden ind med alufolie og sæt den i ovnen.

Kog i 10 minutter eller indtil bouillonen er absorberet.

Ernæring (pr. 100 g): 288 kalorier 10 g fedt 46 g kulhydrater 3 g protein 671 mg natrium

Gryde med aubergine og ris

Forberedelsestid: 30 minutter

Madlavningstid: 35 minutter

Portioner: 4

Sværhedsgrad: svært

Ingredienser:

- <u>Til saucen</u>
- ½ kop olivenolie
- 1 lille løg, hakket
- 4 fed hvidløg, knust
- 6 modne tomater, pillede og hakkede
- 2 spsk tomatpuré
- 1 tsk tørret oregano
- ¼ tsk stødt muskatnød
- ¼ teskefuld stødt spidskommen
- <u>Til gryden</u>
- 4 6-tommer japanske auberginer, halveret på langs
- 2 spsk olivenolie
- 1 kop kogte ris
- 2 spsk pinjekerner, ristede
- 1 kop vand

Indikationer:

At lave saucen

Varm olivenolien op i en tykbundet gryde ved middel varme. Tilsæt løget og steg i 5 minutter. Tilsæt hvidløg, tomater, tomatpuré, oregano, muskatnød og spidskommen. Bring det i kog, reducer derefter varmen til lav og lad det simre i 10 minutter. Fjern og sæt til side.

At lave gryderet

Forvarm grillen. Mens saucen simrer, krydr auberginerne med olivenolie og læg dem på en bageplade. Bages i cirka 5 minutter, indtil de er gyldenbrune. Fjern og lad afkøle. Forvarm ovnen til 375 ° F. Arranger de afkølede auberginer, med skæresiden opad, i en 9x13-tommers bageform. Tag forsigtigt lidt af kødet op for at få plads til fyldet.

Bland halvdelen af tomatsaucen, de kogte ris og pinjekernerne i en skål. Fyld hver aubergine halvdel med risblandingen. I samme skål kombineres den resterende tomatsauce og vand. Hæld over auberginen. Kog tildækket i 20 minutter, indtil auberginerne er bløde.

Ernæring (pr. 100 g): 453 kalorier 39 g fedt 29 g kulhydrater 7 g protein 820 mg natrium

couscous med grøntsager

Forberedelsestid: 15 minutter

Madlavningstid: 45 minutter

Portioner: 8

Sværhedsgrad: svært

Ingredienser:

- ¼ kop olivenolie
- 1 løg, hakket
- 4 fed hvidløg, finthakket
- 2 jalapeñopeber, gennemboret med en gaffel flere steder
- ½ tsk stødt spidskommen
- ½ tsk stødt koriander
- 1 dåse (28 gram) knuste tomater
- 2 spsk tomatpuré
- 1/8 tsk salt
- 2 laurbærblade
- 11 kopper vand, delt
- 4 gulerødder
- 2 zucchini, skåret i 2-tommers stykker
- 1 agern squash, halveret, frøet og skåret 1-tommer tykt
- 1 (15 gram) dåse kikærter, drænet og skyllet
- 1/4 kop hakkede konserverede citroner (valgfrit)
- 3 kopper couscous

Indikationer:

Kog olivenolien op i en tykbundet gryde. Tilsæt løget og steg i 4 minutter. Rør hvidløg, jalapeños, spidskommen og koriander i. Kog i 1 minut. Tilsæt tomater, tomatpure, salt, laurbærblade og 8 kopper vand. Bring blandingen i kog.

Tilsæt gulerødder, squash og agern squash og bring det i kog igen. Skru lidt ned for varmen, dæk til og kog i cirka 20 minutter, indtil grøntsagerne er møre, men ikke grødede. Tag 2 kopper af kogevæsken og stil dem til side. Krydr efter behov.

Tilsæt de konserverede kikærter og citroner (hvis du bruger). Kog i et par minutter og sluk for varmen.

I en mellemstor stegepande bringes de resterende 3 kopper vand i kog over høj varme. Tilsæt couscous, læg låg på og sluk for varmen. Lad couscousen hvile i 10 minutter. Smag til med 1 kop reserveret kogevæske. Pust couscousen med en gaffel.

Læg den på et stort serveringsfad. Fugt den med den resterende kogevæske. Tag grøntsagerne op af gryden og læg dem ovenpå. Server den resterende gryderet i en separat skål.

Ernæring (pr. 100 g): 415 kalorier 7 g fedt 75 g kulhydrater 9 g protein 718 mg natrium

Kushari

Forberedelsestid: 25 minutter

Madlavningstid: 1 time og 20 minutter

Portioner: 8

Sværhedsgrad: svært

Ingredienser:

- Til saucen
- 2 spsk olivenolie
- 2 fed hvidløg, finthakket
- 1 (16 gram) dåse tomatsauce
- ¼ kop hvid eddike
- ¼ kop Harissa, eller købt i butikken
- 1/8 tsk salt
- Til risene
- 1 kop olivenolie
- 2 løg, skåret i tynde skiver
- 2 kopper tørrede brune linser
- 4 liter plus ½ kop vand, fordelt
- 2 kopper kortkornet ris
- 1 tsk salt
- 1 pund kortalbuepasta
- 1 (15 gram) dåse kikærter, drænet og skyllet

Indikationer:

At lave saucen

Kog olivenolien op i en gryde. Steg hvidløget. Tilsæt tomatsauce, eddike, harissa og salt. Kog saucen op. Sænk varmen og kog i 20 minutter eller indtil saucen er tyknet. Fjern og sæt til side.

At lave ris

Forbered pladen med sugende papir og stil til side. Varm olivenolie op i en stor pande ved middel varme. Steg løget, under ofte omrøring, til det er sprødt og gyldent. Overfør løget til det tilberedte fad og sæt det til side. Reserver 2 spiseskefulde madolie. Reservér panden.

Over høj varme, kom linser og 4 kopper vand i en gryde. Bring i kog og kog i 20 minutter. Filtrer og krydr med de 2 spiseskefulde reserveret madolie. At lægge til side. Reserver retten.

Placer gryden, du brugte til at koge løgene over medium-høj varme, og tilsæt ris, 4 1/2 kopper vand og salt. Koge. Skru varmen til lav og kog i 20 minutter. Sluk og sæt til side i 10 minutter. Bring de resterende 8 kopper saltet vand i kog over høj varme i den samme gryde, som bruges til at koge linserne. Tilsæt pastaen og kog i 6 minutter eller efter pakkens anvisning. Dræn og sæt til side.

At sætte sammen

Læg risene på et fad med en ske. Top den med linser, kikærter og pasta. Dryp den varme tomatsauce over og drys det sprøde stegte løg over.

Ernæring (pr. 100 g): 668 kalorier 13 g fedt 113 g kulhydrater 18 g protein 481 mg natrium

Bulgur med tomater og kikærter

Forberedelsestid: 10 minutter

Madlavningstid: 35 minutter

Portioner: 6

Sværhedsgrad: medium

Ingredienser:

- ½ kop olivenolie
- 1 løg, hakket
- 6 tomater, i tern, eller 1 (16 ounce) dåse tomater i tern
- 2 spsk tomatpuré
- 2 kopper vand
- 1 spsk Harissa, eller købt i butikken
- 1/8 tsk salt
- 2 kopper grov bulgur
- 1 (15 gram) dåse kikærter, drænet og skyllet

Indikationer:

Varm olivenolien op i en tykbundet gryde ved middel varme. Steg løget, tilsæt derefter tomaterne med deres saft og steg i 5 minutter.

Tilsæt tomatpuré, vand, harissa og salt. Koge.

Tilsæt bulgur og kikærter. Bring blandingen i kog igen. Sænk varmen og kog i 15 minutter. Lad hvile i 15 minutter før servering.

Ernæring (pr. 100 g): 413 kalorier 19 g fedt 55 g kulhydrater 14 g protein 728 mg natrium

Makrel makaroni

Forberedelsestid: 10 minutter

Madlavningstid: 15 minutter

Portioner: 4

Sværhedsgrad: let

Ingredienser:

- 12 gram makaroni
- 1 fed hvidløg
- 14 gram tomatsauce
- 1 kvist hakket persille
- 2 friske chili
- 1 tsk salt
- 200 g makrel i olie
- 3 spsk ekstra jomfru olivenolie

Indikationer:

Start med at koge vandet i en gryde. Mens vandet varmer, tag en pande, hæld en klat olie og lidt hvidløg i og steg ved svag varme. Når hvidløget er stegt, tages det af panden.

Skær chilipeberen, fjern kernerne indeni og skær den i tynde strimler.

Tilsæt kogevandet og den røde peber i samme gryde som før. Tag derefter makrellen, og efter at have drænet olien og adskilt med en gaffel, læg den i gryden med de øvrige ingredienser. Brun den let ved at tilsætte lidt kogevand.

Når alle ingredienserne er godt indarbejdet, tilsættes tomatpuréen i gryden. Bland godt for at jævne alle ingredienserne og lad det simre i cirka 3 minutter.

Lad os gå videre til pasta:

Når vandet begynder at koge tilsættes salt og pasta. Dræn makaronerne, når de er lidt al dente, og kom dem i den sauce du har lavet.

Svits i saucen et øjeblik og smag til med salt og peber.

Ernæring (pr. 100 g): 510 kalorier 15,4 g fedt 70 g kulhydrater 22,9 g protein 730 mg natrium

Makaroni med cherrytomater og ansjoser

Forberedelsestid: 10 minutter

Madlavningstid: 15 minutter

Portioner: 4

Sværhedsgrad: let

Ingredienser:

- 14 gram makaroni pasta
- 6 saltede ansjoser
- 4 gram cherrytomater
- 1 fed hvidløg
- 3 spsk ekstra jomfru olivenolie
- Frisk chili efter smag
- 3 basilikumblade
- Salt efter smag

Indikationer:

Start med at varme vandet op i en gryde og tilsæt saltet når det koger. I mellemtiden forberedes saucen: tag tomaterne efter vask og skær dem i 4 stykker.

Tag nu en slip-let pande, dryp med en klat olie og smid et fed hvidløg i. Når den er kogt, tages den af gryden. Tilsæt de rensede ansjoser i gryden, opløs dem i olien.

Når ansjoserne er godt smeltet tilsættes de hakkede tomater og der skrues op for varmen til de begynder at blive bløde (pas på ikke at blive for bløde).

Tilsæt den hakkede kernefri paprika og krydr.

Kom pastaen i en gryde med kogende vand, dræn den al dente og steg den på panden i et øjeblik.

Ernæring (pr. 100 g): 476 kalorier 11 g fedt 81,4 g kulhydrater 12,9 g protein 763 mg natrium

Risotto med citron og rejer

Forberedelsestid: 10 minutter

Madlavningstid: 30 minutter

Portioner: 4

Sværhedsgrad: let

Ingredienser:

- 1 citron
- 14 gram pillede rejer
- 1 ¾ kopper risotto ris
- 1 hvidt løg
- 33 fl. 1 liter grøntsagsbouillon (endnu mindre er fint)
- 2 en halv spsk smør
- ½ glas hvidvin
- Salt efter smag
- Sort peber efter smag
- Purløg efter smag

Indikationer:

Start med at koge rejerne i saltet vand i 3-4 minutter, afdryp og stil til side.

Pil og hak et løg fint, steg det med smeltet smør og når smørret er tørret ristes risene på en pande i et par minutter.

Afglasér risene med et halvt glas hvidvin, og tilsæt derefter saften af 1 citron. Rør rundt og kog risene færdig, fortsæt med at tilføje en skefuld grøntsagsbouillon efter behov.

Bland godt og et par minutter før afslutningen af tilberedningen tilsættes de tidligere kogte rejer (hold nogle til side til pynt) og lidt sort peber.

Når varmen er slukket, tilsæt en klat smør og rør rundt. Risottoen er klar til servering. Pynt med de resterende rejer og drys med purløg.

Ernæring (pr. 100 g): 510 kalorier 10 g fedt 82,4 g kulhydrater 20,6 g protein 875 mg natrium

Spaghetti med muslinger

Forberedelsestid: 10 minutter

Madlavningstid: 40 minutter

Portioner: 4

Sværhedsgrad: let

Ingredienser:

- 11,5 gram spaghetti
- 2 pund muslinger
- 7 gram tomatsauce, eller hakkede tomater, til den røde udgave af denne ret
- 2 fed hvidløg
- 4 spsk ekstra jomfru olivenolie
- 1 glas tør hvidvin
- 1 spsk finthakket persille
- 1 chili

Indikationer:

Start med at vaske muslingerne: "Rens" aldrig muslingerne - de må kun åbnes ved brug af varme, ellers går deres dyrebare indre væske tabt sammen med eventuelt sand. Vask muslingerne hurtigt med et dørslag placeret i en salatskål: dette vil filtrere sandet på skallerne.

Kom derefter straks de afdryppede muslinger i en gryde med låg ved høj varme. Vend dem fra tid til anden, og når de næsten alle er åbne, tages de af varmen. Muslinger, der forbliver lukkede, er døde og skal elimineres. Fjern skaldyrene fra de åbne, og lad nogle være hele til at dekorere retterne. Si den resterende væske fra bunden af gryden og stil til side.

Tag en stor pande og hæld lidt olie i den. Varm en hel peberfrugt og et eller to knuste fed hvidløg op ved meget lav varme, indtil fedene bliver gullige. Tilsæt muslingerne og smag til med tør hvidvin.

Tilsæt nu den tidligere filtrerede muslingevæske og lidt finthakket persille.

Filtrer og steg straks spaghettien al dente i en gryde, efter at have kogt dem i rigeligt saltet vand. Bland godt, indtil spaghettien absorberer al væsken fra muslingerne. Hvis du ikke har brugt en chili, så komplet med et let drys hvid eller sort peber.

Ernæring (pr. 100 g): 167 kalorier 8 g fedt 8,63 g kulhydrater 5 g protein 720 mg natrium

græsk fiskesuppe

Forberedelsestid: 10 minutter

Madlavningstid: 60 minutter

Portioner: 4

Sværhedsgrad: let

Ingredienser:

- Kulmule eller anden hvid fisk
- 4 kartofler
- 4 forårsløg
- 2 gulerødder
- 2 stilke selleri
- 2 tomater
- 4 spsk ekstra jomfru olivenolie
- 2 æg
- 1 citron
- 1 kop ris
- Salt efter smag

Indikationer:

Vælg en fisk, der ikke vejer mere end 2,2 pund, fjern skæl, gæller og indvolde og vask den godt. Salt det og sæt det til side.

Vask kartofler, gulerødder og løg og kom dem hele i gryden med vand nok til at blive bløde og koge op.

Tilsæt sellerien, der stadig er bundet i bundter, så den ikke breder sig under tilberedningen, skær tomaterne i kvarte og tilsæt også disse sammen med olie og salt.

Når grøntsagerne er næsten kogte tilsættes mere vand og fisken. Kog i 20 minutter og fjern det fra bouillonen sammen med grøntsagerne.

Anret fisken på et fad, pynt med grøntsagerne, og si bouillonen. Sæt bouillonen tilbage på varmen, spæd den op med lidt vand. Når det koger tilsættes risene og smages til med salt. Når risene er kogt, tages gryden af varmen.

Forbered avgolemonosauce:

Pisk æggene godt sammen og tilsæt langsomt citronsaften. Kom lidt bouillon i en slev og hæld det langsomt i æggene under konstant omrøring.

Til sidst tilsættes den opnåede sauce til suppen og blandes godt.
Ernæring (pr. 100 g): 263 kalorier 17,1 g fedt 18,6 g kulhydrater 9 g protein 823 mg natrium

Veiner ris med rejer

Forberedelsestid: 10 minutter

Madlavningstid: 55 minutter

Portioner: 3

Sværhedsgrad: let

Ingredienser:

- 1 ½ kop sorte ris (gerne parboiled)
- 5 tsk ekstra jomfru olivenolie
- 10,5 gram rejer
- 10,5 gram zucchini
- 1 citron (saft og skal)
- Bordsalt efter smag
- Sort peber efter smag
- 1 fed hvidløg
- Tabasco efter smag

Indikationer:

Lad os starte med risene:

Efter at have fyldt en gryde med rigeligt vand og bragt det i kog, tilsæt risene, smag til med salt og kog i den nødvendige tid (se tilberedningsvejledningen på pakken).

Riv imens zucchinien med et rivejern med store huller. Varm olivenolien op med det pillede hvidløgsfed på en pande, tilsæt revet courgette, salt og peber og kog i 5 minutter, fjern hvidløgsfeddene og stil grøntsagerne til side.

Rens nu rejerne:

Fjern skæl, klip halerne, del dem i to på langs og fjern indvoldene (den mørke snor i ryggen). Læg de rensede rejer i en skål og dryp med olivenolie; giv den lidt mere smag ved at tilføje citronskal, salt og peber og tilsætte et par dråber Tabasco, hvis du ønsker det.

Varm rejerne op på en varm pande i et par minutter. Når det er kogt, sættes det til side.

Når Venere-risene er klar, sigtes de over i en skål, tilsæt zucchiniblandingen og bland.

Ernæring (pr. 100 g): 293 kalorier 5 g fedt 52 g kulhydrater 10 g protein 655 mg natrium

Pennette laks og vodka

Forberedelsestid: 10 minutter

Madlavningstid: 18 minutter

Portioner: 4

Sværhedsgrad: let

Ingredienser:

- Penne Rigate 14 oz
- 7 gram røget laks
- 1,2 gram skalotteløg
- 1,35 fl. oz (40 ml) vodka
- 150 g cherrytomater
- 200 g frisk flydende fløde (jeg anbefaler den vegetabilske til en lettere ret)
- Purløg efter smag
- 3 spsk ekstra jomfru olivenolie
- Salt efter smag
- Sort peber efter smag
- Basilikum efter smag (til pynt)

Indikationer:

Vask og skær tomater og purløg. Efter at have pillet skalotteløgene, hakkes de med en kniv, lægges dem i en gryde og marineres i ekstra jomfru olivenolie et par øjeblikke.

Skær imens laksen i strimler og bland med olie og skalotteløg.

Bland alt sammen med vodkaen, vær forsigtig, da der kan dannes en blus (hvis en flamme stiger op, så fortvivl ikke, det vil gå ned, så snart alkoholen er helt fordampet). Tilsæt tomatkødet og tilsæt et nip salt og, hvis du har lyst, lidt peber. Til sidst tilsættes fløde og hakket purløg.

Tilbered pastaen, mens saucen fortsætter med at koge. Når vandet koger, hæld Pennette i og lad dem koge al dente.

Filtrer pastaen og hæld Pennette i saucen, lad dem koge et par øjeblikke, så de absorberer al smagen. Hvis det ønskes, pynt med et basilikumblad.

Ernæring (pr. 100 g):620 kalorier 21,9 g fedt 81,7 g kulhydrater 24 g protein 326 mg natrium

Carbonara med fisk og skaldyr

Forberedelsestid: 15 minutter

Madlavningstid: 50 minutter

Portioner: 3

Sværhedsgrad: let

Ingredienser:

- 11,5 gram spaghetti
- 3,5 gram tun
- 3,5 gram sværdfisk
- 3,5 gram laks
- 6 æggeblommer
- 4 spsk parmesanost
- 2 fl. oz (60 ml) hvidvin
- 1 fed hvidløg
- Ekstra jomfru olivenolie efter smag
- Bordsalt efter smag
- Sort peber efter smag

Indikationer:

Tilbered kogende vand i en gryde og tilsæt lidt salt.

Hæld imens 6 æggeblommer i en skål og tilsæt revet parmesan, peber og salt. Pisk med et piskeris og drys med lidt kogevand fra gryden.

Fjern knoglerne fra laksen, skæl fra sværdfisken og fortsæt med at skære tun, laks og sværdfisk i tern.

Når det koger, krydrer du pastaen og koger den let al dente.

Varm imens et skvæt olie i en stor pande, tilsæt det hele pillede hvidløgsfed. Når olien er varm, tilsæt fisketerningerne og brun dem ved høj varme i cirka 1 minut. Fjern hvidløget og tilsæt hvidvinen.

Når alkoholen er fordampet, fjernes fisketerningerne og varmen sænkes. Så snart spaghettien er klar, tilsæt dem i gryden og brun dem i cirka et minut under konstant omrøring og tilsæt eventuelt kogevand.

Hæld æggeblommeblandingen og fisketernene i. Bland godt. At tjene.

Ernæring (pr. 100 g): 375 kalorier 17 g fedt 41,40 g kulhydrater 14 g protein 755 mg natrium

Garganelli med Zucchini og rejepesto

Forberedelsestid: 10 minutter

Madlavningstid: 30 minutter

Portioner: 4

Sværhedsgrad: medium

Ingredienser:

- 300 g Garganelli med æg
- Til squashpestoen:
- 7 gram zucchini
- 1 kop pinjekerner
- 8 spiseskefulde (0,35 gram) basilikum
- 1 tsk bordsalt
- 9 spsk ekstra jomfru olivenolie
- 2 spsk parmesanost til at rive
- 1 oz pecorino ost til at rive
- Til sauterede rejer:
- 8,8 gram rejer
- 1 fed hvidløg
- 7 teskefulde ekstra jomfru olivenolie
- Knivspids salt

Indikationer:

Start med at forberede pestoen:

Efter vask af squashene, riv dem, læg dem i et dørslag (for at få dem til at miste noget overskydende væske) og salt dem let. Kom pinjekerner, squash og basilikumblade i blenderen. Tilsæt revet parmesan, pecorino og ekstra jomfruolivenolie.

Bland det hele til du får en cremet blanding, tilsæt et nip salt og stil til side.

Skift til rejer:

Træk først tarmene ud ved at skære bagsiden af rejen med en kniv i hele dens længde, og fjern den sorte tråd indeni med spidsen af kniven.

Steg hvidløgsfeddene i en slip-let pande med ekstra jomfru olivenolie. Når den er gylden, fjern hvidløget og tilsæt rejerne. Brun dem i cirka 5 minutter ved middel varme, indtil du ser en sprød skorpe udenpå.

Kog derefter en gryde med saltet vand og kog garganellien. Stil et par spiseskefulde kogevand til side og dræn pastaen al dente.

Kom Garganelli i gryden, hvor du kogte rejerne. Kog sammen i et minut, tilsæt en spiseskefuld kogevand og tilsæt til sidst zucchinipestoen.

Bland alt godt for at kombinere pastaen med saucen.

Ernæring (pr. 100 g): 776 kalorier 46 g fedt 68 g kulhydrater 22,5 g protein 835 mg natrium

Lakridsris

Forberedelsestid: 10 minutter

Madlavningstid: 30 minutter

Portioner: 4

Sværhedsgrad: medium

Ingredienser:

- 1 kop (12,3 gram) ris
- 8,8 gram laksebøffer
- 1 porre
- Ekstra jomfru olivenolie efter smag
- 1 fed hvidløg
- ½ glas hvidvin
- 3 ½ spsk revet Grana Padano
- Salt efter smag
- Sort peber efter smag
- 17 fl. oz (500 ml) fiskefond
- 1 kop smør

Indikationer:

Start med at rense laksen og skær den i små stykker. Steg 1 spsk olie på en pande med et helt fed hvidløg og brun laksen i 2/3 minutter, tilsæt salt og stil laksen til side, fjern hvidløget.

Begynd nu at forberede risottoen:

Skær porren i meget små stykker og lad det simre i en gryde med to spiseskefulde olie. Rør risene i og kog i et par sekunder ved middelhøj varme under omrøring med en træske.

Tilsæt hvidvinen og fortsæt med at koge under omrøring af og til, og prøv ikke at lade risene hænge fast i gryden, og tilsæt gradvist bouillonen (grøntsag eller fisk).

Halvvejs i kogningen tilsættes laksen, smørret og evt. et nip salt. Når risene er gennemstegte tages de af varmen. Kombiner med et par spiseskefulde revet Grana Padano og server.

Ernæring (pr. 100 g): 521 kalorier 13 g fedt 82 g kulhydrater 19 g protein 839 mg natrium

skær det i 5/6 store stykker. Bind til sidst selleri og persillekviste med køkkengarn for at lave en duftende bunke.

Fyld en stor pande med olie. Tilsæt løg, selleri og gulerødder (som du tidligere havde sat til side) og steg i et par minutter.

Tilsæt herefter kødstykkerne, en knivspids salt og den duftende klynge. Rør og kog i et par minutter. Sænk derefter varmen og dæk med låg.

Kog i mindst 3 timer (tilsæt ikke vand eller bouillon, da løgene vil frigive al den væske, der er nødvendig for at forhindre, at bunden af gryden tørrer ud). Fra tid til anden, tjek alt og bland.

Efter 3 timers kogning, fjern bunken af aromatiske urter, hæv varmen lidt, tilsæt lidt vin og bland.

Kog kødet uden låg i cirka en time, rør ofte og tilsæt vinen, når bunden af gryden er tørret.

På dette tidspunkt skal du tage et stykke kød, skære det på et skærebræt og lægge det til side. Hak ziti og kog dem i kogende saltet vand.

Når den er kogt, drænes den og kommes tilbage i gryden. Drys et par spiseskefulde kogevand og bland. Anret på en tallerken og tilsæt noget sauce og det smuldrede kød (det der blev lagt til side i trin 7). Tilsæt peber og revet parmesan efter smag.

Ernæring (pr. 100 g): 450 kalorier 8 g fedt 80 g kulhydrater 14,5 g protein 816 mg natrium

Pasta alla Genovese

Forberedelsestid: 10 minutter

Madlavningstid: 25 minutter

Portioner: 3

Sværhedsgrad: medium

Ingredienser:

- 11,5 oz Ziti
- 1 pund oksekød
- 2,2 pund gyldne løg
- 2 ounce selleri
- 2 ounce gulerødder
- 1 kvist persille
- 3,4 fl. oz (100 ml) hvidvin
- Ekstra jomfru olivenolie efter smag
- Bordsalt efter smag
- Sort peber efter smag
- Parmesan efter smag

Indikationer:

For at tilberede pastaen start fra:

Skræl og hak løg og gulerødder fint. Vask og hak derefter sellerien fint (kast ikke bladene ud, som også skal hakkes og lægges til side). Gå derefter videre til kødet, rens det for overskydende fedt og

Pasta med cherrytomater og ansjoser

Forberedelsestid: 15 minutter

Madlavningstid: 35 minutter

Portioner: 4

Sværhedsgrad: let

Ingredienser:

- 10,5 gram spaghetti
- 1,3 lb cherrytomater
- 9 gram ansjoser (forrensede)
- 2 spsk kapers
- 1 fed hvidløg
- 1 lille rødløg
- Persille efter smag
- Ekstra jomfru olivenolie efter smag
- Bordsalt efter smag
- Sort peber efter smag
- Sorte oliven efter smag

Indikationer:

Skær hvidløgsfeddene i tynde skiver.

Skær cherrytomater i halve. Pil løget og hak det fint.

Kom et skvæt olie med hvidløg og løgskiver i en gryde. Varm alt op over medium varme i 5 minutter; rør af og til.

Når alt er godt krydret tilsættes cherrytomater og et nip salt og peber. Kog i 15 minutter. Sæt imens en gryde med vand på komfuret og tilsæt salt og pasta, så snart det koger.

Når saucen næsten er klar tilsættes ansjoserne og koges i et par minutter. Bland forsigtigt.

Sluk for varmen, hak persillen og kom den i gryden.

Når den er kogt, drænes pastaen og tilsættes direkte til saucen. Tænd for varmen igen i et par sekunder.

Ernæring (pr. 100 g): 446 kalorier 10 g fedt 66,1 g kulhydrater 22,8 g protein 934 mg natrium

Orecchiette Broccoli Og Pølse

Forberedelsestid: 10 minutter

Madlavningstid: 32 minutter

Portioner: 4

Sværhedsgrad: medium

Ingredienser:

- 11,5 gram orecchiette
- 10.5 Broccoli
- 10,5 gram pølse
- 1,35 fl. oz (40 ml) hvidvin
- 1 fed hvidløg
- 2 kviste timian
- 7 teskefulde ekstra jomfru olivenolie
- Sort peber efter smag
- Bordsalt efter smag

Indikationer:

Kog gryden op med fuldt vand og salt. Fjern broccolibukterne fra stilken og del dem i to eller 4 dele, hvis de er for store; kom dem derefter i kogende vand, dæk gryden til og kog i 6-7 minutter.

Hak imens timian fint og stil til side. Fjern tarmen fra pølsen og mos den forsigtigt med en gaffel.

Steg hvidløgsfeddene med en klat olie og tilsæt pølsen. Efter et par sekunder tilsættes timian og lidt hvidvin.

Uden at kassere kogevandet, fjern den kogte broccoli med en hulske og tilsæt den til kødet lidt efter lidt. Kog det hele i 3-4 minutter. Fjern hvidløget og tilsæt en knivspids sort peber.

Bring det vand, du kogte broccolien i, i kog, tilsæt pastaen og lad det koge ind. Når pastaen er kogt, drænes den med en hulske, og den overføres direkte til broccolien og pølsesovsen. Bland derefter godt, tilsæt sort peber og brun det hele i en gryde i et par minutter.

Ernæring (pr. 100 g): 683 kalorier 36 g fedt 69,6 g kulhydrater 20 g protein 733 mg natrium

Radicchio og røget baconrisotto

Forberedelsestid: 10 minutter

Madlavningstid: 30 minutter

Portioner: 3

Sværhedsgrad: medium

Ingredienser:

- 1½ dl ris
- 14 oz Radicchio
- 5,3 gram røget bacon
- 34 fl. oz (1l) Grøntsagsbouillon
- 3,4 fl. oz (100 ml) rødvin
- 7 teskefulde ekstra jomfru olivenolie
- 1,7 gram skalotteløg
- Bordsalt efter smag
- Sort peber efter smag
- 3 kviste timian

Indikationer:

Lad os starte med forberedelsen af grøntsagsbouillonen.

Start med radicchioen: Skær den i to og fjern den centrale del (den hvide del). Skær den i strimler, skyl godt og stil til side. Skær også den røgede bacon i strimler.

Hak skalotteløget fint og kom det i en gryde med et skvæt olie. Bring det i kog ved middel varme, tilsæt en skefuld bouillon, tilsæt pancettaen og brun den.

Efter ca. 2 minutter, tilsæt risene og ryst dem under jævnlig omrøring. På dette tidspunkt hældes rødvinen over høj varme.

Når al alkoholen er fordampet, fortsæt tilberedningen ved at tilsætte en skefuld bouillon ad gangen. Lad den forrige tørre, før du tilføjer en anden, til den er helt gennemstegt. Tilsæt salt og sort peber (afhængig af hvor meget du vælger at tilsætte).

Når det er kogt tilsættes radicchio-strimlerne. Bland dem godt, indtil de er blandet med risene, men uden at koge dem. Tilsæt den hakkede timian.

Ernæring (pr. 100 g): 482 kalorier 17,5 g fedt 68,1 g kulhydrater 13 g protein 725 mg natrium

Napolitansk blomkålspasta

Forberedelsestid: 15 minutter

Madlavningstid: 35 minutter

Portioner: 3

Sværhedsgrad: medium

Ingredienser:

- 10,5 oz pasta
- 1 blomkål
- 3,4 fl. 100 ml tomatsauce
- 1 fed hvidløg
- 1 chili
- 3 spsk ekstra jomfru olivenolie (eller teskefulde)
- Salt efter smag
- Peber efter behov

Indikationer:

Rens blomkålen godt: Fjern de yderste blade og stilken. Skær den i små blomster.

Pil hvidløgsfeddene, hak det og brun det i en gryde med olie og chili.

Tilsæt tomatpuré og blomkålsbuketter og brun i et par minutter ved middel varme, dæk derefter med et par skeer vand og kog i 15-20 minutter eller i det mindste indtil blomkålen begynder at creme.

Hvis du synes, at bunden af gryden er for tør, så tilsæt så meget vand som nødvendigt, så blandingen forbliver flydende.

Dæk på dette tidspunkt blomkålen med varmt vand og tilsæt pastaen, når den er kogt.

Smag til med salt og peber.

Ernæring (pr. 100 g): 458 kalorier 18 g fedt 65 g kulhydrater 9 g protein 746 mg natrium

Pasta og bønner, appelsin og fennikel

Forberedelsestid: 10 minutter

Madlavningstid: 30 minutter

Portioner: 5

Sværhedsgrad: sværhedsgrad

Ingredienser:

- Ekstra jomfru olivenolie - 1 spsk. plus ekstra til servering
- Bacon - 2 gram, finthakket
- Løg - 1, fint hakket
- Fennikel - 1 løg, stilke fjernet, løg halveret, udkernet og finthakket
- Selleri - 1 stilk, hakket
- Hvidløg - 2 fed, hakket
- Ansjosfileter - 3, skyllet og hakket
- Friskhakket oregano - 1 spsk.
- Revet appelsinskal - 2 tsk.
- Fennikelfrø - ½ tsk.
- Rød peberflager - ¼ tsk.
- Tomater i tern - 1 dåse (28 ounce)
- Parmesan - 1 svær plus mere til servering
- Cannellini bønner - 1 dåse (7 gram), skyllet
- Kyllingebouillon - 2 ½ kopper
- Vand - 2 ½ kopper
- Salt og peber

- Byg - 1 kop
- Friskhakket persille - ¼ kop

Indikationer:

Opvarm olien i en hollandsk ovn ved middel varme. Tilsæt bacon. Steg i 3-5 minutter eller indtil de begynder at blive brune. Bland selleri, fennikel og løg og rør til det er blødt (ca. 5-7 minutter).

Bland peberflager, fennikelfrø, appelsinskal, oregano, ansjoser og hvidløg. Kog i 1 minut. Bland tomaterne og deres saft. Bland parmesanost og bønnerne.

Bring det i kog og kog i 10 minutter. Bland vand, bouillon og 1 tsk. salt. Kog det ved høj varme. Bland pastaen og kog til den er al dente.

Tag den af varmen og kassér parmesanskallen.

Rør persillen i og smag til med salt og peber. Hæld lidt olivenolie i og drys med revet parmesanost. At tjene.

Ernæring (pr. 100 g): 502 kalorier 8,8 g fedt 72,2 g kulhydrater 34,9 g protein 693 mg natrium

Citron spaghetti

Forberedelsestid: 10 minutter

Madlavningstid: 15 minutter

Portioner: 6

Sværhedsgrad: let

Ingredienser:

- Ekstra jomfru olivenolie - ½ kop
- Revet citronskal - 2 tsk.
- Citronsaft - 1/3 kop
- Hvidløg - 1 fed, skåret i pate
- Salt og peber
- Parmesan - 2 gram, revet
- Spaghetti - 1 lb.
- Friskhakket basilikum - 6 spsk.

Indikationer:

Pisk hvidløg, olie, citronskal, saft, ½ tsk i en skål. salt og ¼ tsk. Peber. Rør parmesanen i og bland til det er cremet.

Kog imens pastaen efter anvisningen på pakken. Dræn og stil ½ kop kogevand til side. Tilsæt olie- og basilikumblandingen til pastaen og bland sammen. Krydr godt og rør kogevandet i efter behov. At tjene.

Ernæring (pr. 100 g): 398 kalorier 20,7 g fedt 42,5 g kulhydrater 11,9 g protein 844 mg natrium

Krydret grøntsagscouscous

Forberedelsestid: 10 minutter

Madlavningstid: 20 minutter

Portioner: 6

Sværhedsgrad: svært

Ingredienser:

- Blomkål - 1 hoved, skåret i 1-tommers buketter
- Ekstra jomfru olivenolie - 6 spsk. plus ekstra til servering
- Salt og peber
- Couscous - 1 ½ kopper
- Zucchini - 1, skåret i ½-tommers stykker
- Rød peberfrugt - 1, stilkløs, uden frø og skåret i ½ tomme stykker
- Hvidløg - 4 fed, hakket
- Ras el hanout - 2 tsk.
- Revet citronskal -1 tsk. plus citronbåde til servering
- Kyllingebouillon - 1 ¾ kopper
- Friskhakket merian - 1 spsk.

Indikationer:

Varm 2 spsk i en gryde. olie ved middel varme. Tilsæt blomkål, ¾ tsk. salt og ½ tsk. Peber. Blande. Kog indtil blomsterne bliver brune og kanterne er knap gennemsigtige.

Tag låget af og kog under omrøring i 10 minutter, eller indtil buketter bliver gyldne. Overfør til en skål og rens gryden. Varm 2 spsk. olie i gryden.

Tilsæt couscousen. Kog og fortsæt med at røre i 3-5 minutter, eller indtil kernerne begynder at blive brune. Overfør til en skål og rens gryden. Varm de resterende 3 spsk. olie i gryden og tilsæt peber, squash og ½ tsk. salt. Kog i 8 minutter.

Bland citronskal, ras el hanout og hvidløg. Kog indtil dufter (ca. 30 sekunder). Kom bouillon i og lad det simre. Bland couscousen i. Fjern fra varmen og stil til side, indtil de er møre.

Tilsæt merian og blomkål; prik derefter forsigtigt med en gaffel for at inkorporere. Hæld ekstra olie over og krydr godt. Server med citronbåde.

Ernæring (pr. 100 g): 787 kalorier 18,3 g fedt 129,6 g kulhydrater 24,5 g protein 699 mg natrium

Krydrede bagte ris med fennikel

Forberedelsestid: 10 minutter

Madlavningstid: 45 minutter

Portioner: 8

Sværhedsgrad: medium

Ingredienser:

- Søde kartofler - 1 ½ pund, skrællet og skåret i 1-tommers stykker
- Ekstra jomfru olivenolie - ¼ kop
- Salt og peber
- Fennikel - 1 løg, finthakket
- Lille løg - 1, fint hakket
- Langkornet hvide ris - 1 ½ kopper, skyllet
- Hvidløg - 4 fed, hakket
- Ras el hanout - 2 tsk.
- Kyllingebouillon - 2 kopper
- Store grønne oliven i saltlage - ¾ kop, halveret
- Hakket frisk koriander - 2 spsk.
- Limebåde

Indikationer:

Sæt ovnristen i midten og forvarm ovnen til 400F. Krydr kartoflerne med ½ tsk. salt og 2 spsk. olie.

Læg kartoflerne i et enkelt lag i en bageplade og bag dem i 25-30 minutter eller indtil de er møre. Rør kartoflerne i halvvejs gennem kogningen.

Fjern kartoflerne og sænk ovntemperaturen til 350F. Opvarm de resterende 2 spsk i en hollandsk ovn. olie ved middel varme.

Tilsæt løg og fennikel; kog derefter i 5-7 minutter eller indtil de er møre. Tilsæt ras el hanout, hvidløg og ris. Steg under omrøring i 3 minutter.

Tilsæt oliven og bouillon og lad det hvile i 10 minutter. Tilsæt kartoflerne til risene og mos forsigtigt med en gaffel for at blande dem. Smag til med salt og peber efter smag. Pynt med koriander og server med limebåde.

Ernæring (pr. 100 g): 207 kalorier 8,9 g fedt 29,4 g kulhydrater 3,9 g protein 711 mg natrium

Marokkansk couscous med kikærter

Forberedelsestid: 5 minutter

Madlavningstid: 18 minutter

Portioner: 6

Sværhedsgrad: medium

Ingredienser:

- Ekstra jomfru olivenolie - ¼ kop, ekstra til servering
- Couscous - 1 ½ kopper
- Skrællede og hakkede fine gulerødder - 2
- finthakket løg - 1
- Salt og peber
- Hvidløg - 3 fed, hakket
- Malet koriander - 1 tsk.
- Malet ingefær - tsk.
- Malede anisfrø - ¼ tsk.
- Kyllingebouillon - 1 ¾ kopper
- Kikærter - 1 dåse (15 gram), skyllet
- Frosne ærter - 1 ½ kopper
- Friskhakket persille eller koriander - ½ kop
- citronskiver

Indikationer:

Varm 2 spsk. olie i en pande ved middel varme. Rør couscousen i og kog i 3-5 minutter eller indtil den begynder at brune. Overfør til en skål og rens gryden.

Varm de resterende 2 spsk. olie i gryden og tilsæt løg, gulerødder og 1 tsk. salt. Kog i 5-7 minutter. Bland anis, ingefær, koriander og hvidløg. Kog indtil dufter (ca. 30 sekunder).

Tilsæt kikærter og bouillon og bring det i kog. Bland couscous og ærter i. Dæk til og fjern fra varmen. Stil til side, indtil couscousen er mør.

Tilsæt persillen til couscousen og bland med en gaffel. Dryp med ekstra olie og krydr godt. Server med citronbåde.

Ernæring (pr. 100 g): 649 kalorier 14,2 g fedt 102,8 g kulhydrater 30,1 g protein 812 mg natrium

Vegetarisk paella med grønne bønner og kikærter

Forberedelsestid: 10 minutter

Madlavningstid: 35 minutter

Portioner: 4

Sværhedsgrad: let

Ingredienser:

- En knivspids safran
- Grøntsagsbouillon - 3 kopper
- Olivenolie - 1 spsk.
- Gult løg - 1 stort, skåret i tern
- Hvidløg - 4 fed, skåret i skiver
- Rød peber - 1, skåret i tern
- Knuste tomater - ¾ kop, friske eller dåse
- Tomatpuré - 2 spsk.
- Krydret paprika - 1 ½ tsk.
- Salt - 1 tsk.
- Friskkværnet sort peber - ½ tsk.
- Grønne bønner - 1 1/2 kopper, skrællet og skåret i halve
- Kikærter - 1 dåse (15 gram), drænet og skyllet
- Kortkornet hvide ris - 1 kop
- Citron - 1, skåret i tern

Indikationer:

Bland safranstrengene med 3 spsk. lunkent vand i en lille skål. I en gryde bringes vandet til at simre ved middel varme. Skru ned for varmen og lad det simre.

Varm olien op i en pande ved middel varme. Rør løget i og steg i 5 minutter. Tilsæt peber og hvidløg og steg i 7 minutter, eller indtil peberen er blød. Tilsæt blandingen af vand og safran, salt, peber, paprika, tomatpure og tomater.

Tilsæt ris, kikærter og grønne bønner. Rør den varme bouillon i og bring det i kog. Sænk varmen og lad det simre uden låg i 20 minutter.

Serveres varm, pyntet med citronbåde.

Ernæring (pr. 100 g): 709 kalorier 12 g fedt 121 g kulhydrater 33 g protein 633 mg natrium

Hvidløgsrejer med tomater og basilikum

Forberedelsestid: 10 minutter

Madlavningstid: 10 minutter

Portioner: 4

Sværhedsgrad: let

Ingredienser:

- Olivenolie - 2 spsk.
- Rejer - 1¼ pund, pillet og renset
- Hvidløg - 3 fed, hakket
- Knust rød peberflager - 1/8 tsk.
- Tør hvidvin - ¾ kop
- Vindruetomater - 1 ½ kopper
- Finhakket frisk basilikum - ¼ kop, plus mere til pynt
- Salt - ¾ tsk.
- Kværnet sort peber - ½ tsk.

Indikationer:

Varm olien op ved middelhøj varme i en gryde. Tilsæt rejerne og kog i 1 minut eller indtil de netop er gennemstegte. Overfør til en tallerken.

Læg de røde peberflager og hvidløg i olien i gryden og steg i 30 sekunder. Rør vinen i og kog indtil den er reduceret til cirka det halve.

Tilsæt tomaterne og kog indtil tomaterne begynder at gå i stykker (ca. 3 til 4 minutter). Tilsæt de rejer, der er stillet til side, salt, peber og basilikum. Kog i 1 til 2 minutter mere.

Server pyntet med den resterende basilikum.

Ernæring (pr. 100 g):282 kalorier 10 g fedt 7 g kulhydrater 33 g protein 593 mg natrium

Reje paella

Forberedelsestid: 10 minutter

Madlavningstid: 25 minutter

Portioner: 4

Sværhedsgrad: medium

Ingredienser:

- Olivenolie - 2 spsk.
- Mellemstor løg - 1, i tern
- Rød peber - 1, skåret i tern
- Hvidløg - 3 fed, hakket
- En knivspids safran
- Krydret paprika - ¼ tsk.
- Salt - 1 tsk.
- Friskkværnet sort peber - ½ tsk.
- Kyllingebouillon - 3 kopper, delt
- Kortkornet hvide ris - 1 kop
- Store pillede og pillede rejer - 1 lb.
- Frosne ærter - 1 kop, optøet

Indikationer:

Varm olivenolie op i en gryde. Tilsæt løg og peber og steg i 6 minutter eller indtil de er bløde. Tilsæt salt, peber, paprika, safran og hvidløg og bland. Tilsæt 2 ½ dl bouillon og ris.

Bring blandingen i kog, og lad den derefter simre, indtil risene er kogte, ca. 12 minutter. Tilsæt rejer og ærter til risene og tilsæt den resterende ½ kop bouillon.

Læg låget tilbage på gryden og kog indtil alle rejerne lige er kogte (ca. 5 minutter). At tjene.

Ernæring (pr. 100 g): 409 kalorier 10 g fedt 51 g kulhydrater 25 g protein 693 mg natrium

Linsesalat med oliven, mynte og fetaost

Forberedelsestid: 60 minutter

Madlavningstid: 60 minutter

Portioner: 6

Sværhedsgrad: medium

Ingredienser:

- Salt og peber
- Franske linser - 1 kop, høstet og skyllet
- Hvidløg - 5 fed, let knust og pillet
- laurbærblad - 1
- Ekstra jomfru olivenolie - 5 spsk.
- Hvidvinseddike - 3 spsk.
- Udstenede Kalamata-oliven - ½ kop, hakket
- Friskhakket mynte - ½ kop
- Skalotteløg - 1 stor, hakket
- Fetaost - 1 ounce, smuldret

Indikationer:

Tilsæt 4 kopper varmt vand og 1 tsk. salt i en skål. Tilsæt linserne og lad dem trække ved stuetemperatur i 1 time. Dræn godt af.

Placer grillen i midten og forvarm ovnen til 325F. Tilsæt linser, 4 dl vand, hvidløg, laurbærblad og ½ tsk. salt i en gryde. Dæk til og sæt gryden i ovnen og steg i 40-60 minutter eller indtil linserne er møre.

Dræn linserne godt, fjern hvidløg og laurbærblade. I en stor skål piskes olie og eddike sammen. Tilsæt skalotteløg, mynte, oliven og linser og bland det sammen.

Smag til med salt og peber efter smag. Læg det godt i et serveringsfad og pynt med fetaosten. At tjene.

Ernæring (pr. 100 g): 249 kalorier 14,3 g fedt 22,1 g kulhydrater 9,5 g protein 885 mg natrium

Kikærter med hvidløg og persille

Forberedelsestid: 5 minutter

Madlavningstid: 20 minutter

Portioner: 6

Sværhedsgrad: medium

Ingredienser:

- Ekstra jomfru olivenolie - ¼ kop
- Hvidløg - 4 fed, skåret i tynde skiver
- Rød peberflager - 1/8 tsk.
- Løg - 1, hakket
- Salt og peber
- Kikærter - 2 dåser (15 gram), skyllet
- Kyllingebouillon - 1 kop
- Hakket frisk persille - 2 spsk.
- Citronsaft - 2 tsk.

Indikationer:

I en gryde tilsættes 3 spsk. smør og steg hvidløgs- og peberflagerne i 3 minutter. Bland løg og ¼ tsk. tilsæt salt og kog i 5-7 minutter.

Bland kikærter og bouillon og bring det i kog. Skru ned for varmen og lad det simre i 7 minutter, tildækket.

Afdæk og skru op for blusset og kog i 3 minutter, eller indtil al væsken er fordampet. Stil til side og bland citronsaft og persille i.

Smag til med salt og peber efter smag. Smag til med 1 spsk. smør og server.

Ernæring (pr. 100 g): 611 Kalorier 17,6 g Fedt 89,5 g Kulhydrater 28,7 g Protein 789 mg Natrium

Stuvede kikærter med aubergine og tomater

Forberedelsestid: 10 minutter

Madlavningstid: 60 minutter

Portioner: 6

Sværhedsgrad: let

Ingredienser:

- Ekstra jomfru olivenolie - ¼ kop
- Løg - 2, hakket
- Grøn peber - 1, fint hakket
- Salt og peber
- Hvidløg - 3 fed, hakket
- Friskhakket oregano - 1 spsk.
- laurbærblade - 2
- Aubergine - 1 pund, skåret i 1-tommers stykker
- Hele flåede tomater - 1 dåse, drænet med reserveret juice, hakket
- Kikærter - 2 dåser (15 gram), drænet med 1 kop reserveret væske

Indikationer:

Placer ovnristen nederst i midten og forvarm ovnen til 400F. Varm olien op i den hollandske ovn. Tilsæt peber, løg, ½ tsk. salt og ¼ tsk. Peber. Steg under omrøring i 5 minutter.

Bland i 1 tsk. oregano, hvidløg og laurbærblad og steg i 30 sekunder. Bland tomater, auberginer, reserveret juice, kikærter og den konserverede væske og bring det i kog. Sæt gryden i ovnen og bag uden låg i 45-60 minutter. Bland to gange.

Fjern laurbærbladene. Tilsæt de resterende 2 tsk. oregano og smag til med salt og peber. At tjene.

Ernæring (pr. 100 g): 642 kalorier 17,3 g fedt 93,8 g kulhydrater 29,3 g protein 983 mg natrium

Græske ris med citron

Forberedelsestid: 20 minutter

Madlavningstid: 45 minutter

Portioner: 6

Sværhedsgrad: medium

Ingredienser:

- Langkornet ris - 2 kopper, rå (gennemblødt i koldt vand i 20 minutter, derefter drænet)
- Ekstra jomfru olivenolie - 3 spsk.
- Gult løg - 1 medium, hakket
- Hvidløg - 1 fed, hakket
- Byg Pasta - ½ kop
- Saft af 2 citroner plus skal af 1 citron
- Lavt natrium bouillon - 2 kopper
- Knivspids salt
- Hakket persille - 1 stor håndfuld
- Dildukrudt - 1 tsk.

Indikationer:

Varm 3 spsk i en gryde. ekstra jomfru oliven olie. Tilsæt løget og steg i 3-4 minutter. Tilsæt bygpasta og hvidløg og bland for at kombinere.

Tilsæt derefter risene til belægningen. Tilsæt bouillon og citronsaft. Bring i kog og sænk varmen. Dæk til og kog i cirka 20 minutter.

Fjern fra varmen. Dæk til og stil til side i 10 minutter. Afdæk og tilsæt citronskal, dild og persille. At tjene.

Ernæring (pr. 100 g): 145 kalorier 6,9 g fedt 18,3 g kulhydrater 3,3 g protein 893 mg natrium

Ris med aromatiske urter

Forberedelsestid: 10 minutter

Madlavningstid: 30 minutter

Portioner: 4

Sværhedsgrad: let

Ingredienser:

- Ekstra jomfru olivenolie - ½ kop, delt
- Store fed hvidløg - 5, hakket
- Brune jasminris - 2 kopper
- Vand - 4 kopper
- Havsalt - 1 tsk.
- Sort peber - 1 tsk.
- Friskhakket purløg - 3 spsk.
- Hakket frisk persille - 2 spsk.
- Friskhakket basilikum - 1 spsk.

Indikationer:

Tilsæt ¼ kop olivenolie, hvidløg og ris i en gryde. Rør rundt og varm op ved middel varme. Bland vand, havsalt og sort peber. Bland derefter igen.

Bring i kog og sænk varmen. Lad det simre uden låg, og rør af og til.

Når vandet næsten er absorberet, røres den resterende ¼ kop olivenolie i sammen med basilikum, persille og purløg.

Rør indtil krydderurterne er inkorporeret og alt vandet er absorberet.

Ernæring (pr. 100 g): 304 kalorier 25,8 g fedt 19,3 g kulhydrater 2 g protein 874 mg natrium

Middelhavsrissalat

Forberedelsestid: 10 minutter

Madlavningstid: 25 minutter

Portioner: 4

Sværhedsgrad: medium

Ingredienser:

- Ekstra jomfru olivenolie - ½ kop, delt
- Langkornet brune ris - 1 kop
- Vand - 2 kopper
- Frisk citronsaft - ¼ kop
- Fed hvidløg - 1, hakket
- Friskhakket rosmarin - 1 tsk.
- Friskhakket mynte - 1 tsk.
- Belgisk endivie - 3, hakket
- Rød peber - 1 medium, hakket
- Drivhus agurk - 1, hakket
- Hele hakkede grønne løg - ½ kop
- Kalamata oliven, hakket - ½ kop
- Rød peberflager - ¼ tsk.
- Smuldret fetaost - ¾ kop
- Havsalt og sort peber

Indikationer:

Varm ¼ kop olivenolie, ris og en knivspids salt op i en gryde ved svag varme. Rør for at dække risene. Tilsæt vandet og lad det simre til vandet er absorberet. Rør af og til. Hæld risene i en stor skål og lad dem køle af.

I en anden skål blandes den resterende ¼ kop olivenolie, rød peberflager, oliven, grønne løg, agurk, paprika, endivie, mynte, rosmarin, hvidløg og citronsaft.

Tilsæt risene til blandingen og rør for at kombinere. Bland forsigtigt fetaosten i.

Smag til og juster krydringen. At tjene.

Ernæring (pr. 100 g): 415 kalorier 34 g fedt 28,3 g kulhydrater 7 g protein 4755 mg natrium

Frisk bønne- og tunsalat

Forberedelsestid: 5 minutter

Madlavningstid: 20 minutter

Portioner: 6

Sværhedsgrad: let

Ingredienser:

- Friske afskallede (afskallede) bønner - 2 kopper
- laurbærblade - 2
- Ekstra jomfru olivenolie - 3 spsk.
- Rødvinseddike - 1 spsk.
- Salt og sort peber
- Tunfisk af bedste kvalitet - 1 dåse (6 oz), pakket i olivenolie
- Salte kapers - 1 spsk. udblødt og tørret
- Finhakket fladbladet persille - 2 spsk.
- Rødløg - 1, skåret i skiver

Indikationer:

Kog letsaltet vand i en gryde. Tilsæt bønner og laurbærblade; Kog derefter i 15-20 minutter eller indtil bønnerne er møre, men stadig faste. Dræn, fjern aromaterne og kom over i en skål.

Smag bønnerne til med det samme med eddike og olie. Tilsæt salt og sort peber. Bland godt og juster krydderiet. Dræn tunen og smid tunkødet i bønnesalaten. Tilsæt persille og kapers. Rør for at blande og drys rødløgsskiverne over. At tjene.

Ernæring (pr. 100 g): 85 kalorier 7,1 g fedt 4,7 g kulhydrater 1,8 g protein 863 mg natrium

Lækker kyllingepasta

Forberedelsestid: 10 minutter

Madlavningstid: 17 minutter

Portioner: 4

Sværhedsgrad: let

Ingredienser:

- 3 kyllingebryst, uden skind, udbenet, skåret i stykker
- 300 g fuldkornspasta
- 1/2 kop oliven, skåret i skiver
- 1/2 kop soltørrede tomater
- 1 spsk ristet rød peber, hakket
- 14 oz dåse tomat, i tern
- 2 kopper marinara sauce
- 1 kop hønsebouillon
- Peber
- salt

Indikationer:

Bland alle ingredienserne undtagen fuldkornspastaen i Instant Pot.

Luk låget og kog ved høj varme i 12 minutter.

Når det er gjort, lad trykket lette naturligt. Tag låget af.

Tilsæt pastaen og bland godt. Luk kedlen igen og vælg manuel og indstil timeren til 5 minutter.

Når du er færdig, slip trykket i 5 minutter, og slip derefter resten med hurtigudløsningen. Tag låget af. Bland godt og server.

Ernæring (pr. 100 g):615 kalorier 15,4 g fedt 71 g kulhydrater 48 g protein 631 mg natrium

Middelhavs tacos

Forberedelsestid: 10 minutter

Madlavningstid: 14 minutter

Portioner: 8

Sværhedsgrad: medium

Ingredienser:

- 1 pund hakket oksekød
- 8 gram cheddarost, revet
- 14 gram dåse røde kidneybønner
- 2 gram tacokrydderi
- 16 gram sauce
- 2 kopper vand
- 2 kopper brune ris
- Peber
- salt

Indikationer:

Indstil Instant Pot til sauté-tilstand.

Læg kødet i gryden og steg det gyldenbrunt.

Tilsæt vand, bønner, ris, tacokrydderi, peber og salt og bland godt.

Top med saucen. Luk låget og kog ved høj varme i 14 minutter.

Når du er færdig, slip trykket med hurtigudløseren. Tag låget af.

Rør cheddarosten i og rør til osten er smeltet.

Server og nyd.

Ernæring (pr. 100 g): 464 kalorier 15,3 g fedt 48,9 g kulhydrater 32,2 g protein 612 mg natrium

Velsmagende mac og ost

Forberedelsestid: 10 minutter

Madlavningstid: 10 minutter

Portioner: 6

Sværhedsgrad: let

Ingredienser:

- 500 g fuldkorns albuepasta
- 4 kopper vand
- 1 kop hakket tomat
- 1 tsk finthakket hvidløg
- 2 spsk olivenolie
- 1/4 kop grønt løg, hakket
- 1/2 kop revet parmesan
- 1/2 kop revet mozzarella
- 1 kop cheddarost, revet
- 1/4 kop puré
- 1 kop usødet mandelmælk
- 1 kop marinerede artiskokker i tern
- 1/2 kop soltørrede tomater, skåret i skiver
- 1/2 kop oliven, skåret i skiver
- 1 tsk salt

Indikationer:

Tilsæt pasta, vand, tomater, hvidløg, olie og salt til Instant Pot og bland godt. Dæk låget og kog over høj varme.

Når du er færdig, slip trykket i et par minutter, og slip derefter resten ved hjælp af den hurtige dræning. Tag låget af.

Sæt gryden i sautertilstand. Tilsæt grønne løg, parmesan, mozzarella, cheddarost, passata, mandelmælk, artiskokker, soltørrede tomater og oliven. Bland godt.

Bland godt og kog indtil osten er smeltet.

Server og nyd.

Ernæring (pr. 100 g): 519 kalorier 17,1 g fedt 66,5 g kulhydrater 25 g protein 588 mg natrium

Ris med agurkeoliven

Forberedelsestid: 10 minutter

Madlavningstid: 10 minutter

Portioner: 8

Sværhedsgrad: medium

Ingredienser:

- 2 kopper ris, skyllet
- 1/2 kop oliven med krydderurter
- 1 kop agurk, hakket
- 1 spsk rødvinseddike
- 1 tsk revet citronskal
- 1 spsk frisk citronsaft
- 2 spsk olivenolie
- 2 dl grøntsagsbouillon
- 1/2 tsk tørret oregano
- 1 rød peberfrugt, hakket
- 1/2 kop løg, hakket
- 1 spsk olivenolie
- Peber
- salt

Indikationer:

Tilsæt olien til den inderste gryde af Instant Pot, og vælg gryden til sautertilstand. Tilsæt løget og steg i 3 minutter. Tilsæt peber og oregano og steg i 1 minut.

Tilsæt ris og bouillon og bland godt. Luk låget og kog ved høj varme i 6 minutter. Når du er færdig, slip trykket i 10 minutter, og slip derefter resten ved hjælp af hurtigudløseren. Tag låget af.

Tilsæt de øvrige ingredienser og bland det godt sammen. Server den med det samme og nyd.

Ernæring (pr. 100 g): 229 kalorier 5,1 g fedt 40,2 g kulhydrater 4,9 g protein 210 mg natrium

Aromatisk urterisotto

Forberedelsestid: 10 minutter

Madlavningstid: 15 minutter

Portioner: 4

Sværhedsgrad: medium

Ingredienser:

- 2 kopper ris
- 2 spsk revet parmesanost
- 100 g fløde
- 1 spsk frisk oregano, hakket
- 1 spsk frisk basilikum, hakket
- 1/2 spsk salvie, hakket
- 1 løg, hakket
- 2 spsk olivenolie
- 1 tsk hvidløg, finthakket
- 4 kopper grøntsagsbouillon
- Peber
- salt

Indikationer:

Tilsæt olien til den inderste gryde i Instant Pot, og klik panden i sautétilstand. Tilsæt hvidløg og løg til den inderste gryde i Instant Pot, og tryk gryden til sautétilstand. Tilsæt hvidløg og løg og steg i 2-3 minutter.

Tilsæt de øvrige ingredienser undtagen parmesan og fløde og bland godt. Luk låget og kog ved høj varme i 12 minutter.

Når du er færdig, slip trykket i 10 minutter, og slip derefter resten med quick release. Tag låget af. Bland fløde og ost og server.

Ernæring (pr. 100 g): 514 kalorier 17,6 g fedt 79,4 g kulhydrater 8,8 g protein 488 mg natrium

Lækker Pasta Primavera

Forberedelsestid: 10 minutter

Madlavningstid: 4 minutter

Portioner: 4

Sværhedsgrad: let

Ingredienser:

- 250 g fuldkorns penne
- 1 spsk frisk citronsaft
- 2 spsk hakket frisk persille
- 1/4 kop mandler i flager
- 1/4 kop revet parmesan
- 14 oz dåse tomat, i tern
- 1/2 kop svesker
- 1/2 kop zucchini, hakket
- 1/2 kop asparges
- 1/2 kop gulerødder, hakket
- 1/2 kop broccoli, hakket
- 1 3/4 dl grøntsagsbouillon
- Peber
- salt

Indikationer:

Tilsæt bouillon, pars, tomater, blommer, squash, asparges, gulerødder og broccoli til Instant Pot og bland godt. Luk og kog ved høj varme i 4 minutter. Når du er færdig, slip trykket med hurtigudløseren. Tag låget af. Bland de resterende ingredienser godt og server.

Ernæring (pr. 100 g): 303 kalorier 2,6 g fedt 63,5 g kulhydrater 12,8 g protein 918 mg natrium

Stegt peberpasta

Forberedelsestid: 10 minutter

Madlavningstid: 13 minutter

Portioner: 6

Sværhedsgrad: medium

Ingredienser:

- 1 pund fuld hvede penne pasta
- 1 spsk italiensk dressing
- 4 kopper grøntsagsbouillon
- 1 spsk hvidløg, finthakket
- 1/2 løg, hakket
- Brændt rød peberfrugt i 14 oz krukke
- 1 kop fetaost, smuldret
- 1 spsk olivenolie
- Peber
- salt

Indikationer:

Tilsæt den ristede peber til blenderen og blend, indtil det er glat. Tilsæt olien til den inderste gryde af Instant Pot og sæt gryden til sautétilstand. Tilsæt hvidløg og løg til den indre kop af Instant Pot og svits. Tilsæt hvidløg og løg og steg i 2-3 minutter.

Tilsæt den purerede ristede peber og svits i 2 minutter.

Tilsæt de øvrige ingredienser undtagen fetaen og bland godt. Luk tæt og kog ved høj varme i 8 minutter. Når du er færdig, slip trykket naturligt i 5 minutter, og slip derefter resten med quick release. Tag låget af. Top med fetaost og server.

Ernæring (pr. 100 g): 459 kalorier 10,6 g fedt 68,1 g kulhydrater 21,3 g protein 724 mg natrium

Ost basilikum tomat ris

Forberedelsestid: 10 minutter

Madlavningstid: 26 minutter

Portioner: 8

Sværhedsgrad: medium

Ingredienser:

- 1 1/2 dl brune ris
- 1 kop revet parmesanost
- 1/4 kop frisk basilikum, hakket
- 2 kopper cherrytomater, skåret i halve
- 250 g tomatsauce
- 1 3/4 kop grøntsagsbouillon
- 1 spsk hvidløg, finthakket
- 1/2 kop løg, i tern
- 1 spsk olivenolie
- Peber
- salt

Indikationer:

Tilsæt olien til den inderste skål af Instant Pot og vælg panden over sauten. Læg hvidløg og løg i den inderste skål af Instant Pot og kom i gryden. Bland hvidløg og løg og svits i 4 minutter. Tilsæt ris, tomatsauce, bouillon, peber og salt og bland godt.

Luk den og kog ved høj varme i 22 minutter.

Når det er færdigt, lad det slippe trykket i 10 minutter, og slip derefter resten med hurtigudløsningen. Fjern låget. Tilsæt de resterende ingredienser og bland. Server og nyd.

Ernæring (pr. 100 g): 208 kalorier 5,6 g fedt 32,1 g kulhydrater 8,3 g protein 863 mg natrium

Pasta med tun

Forberedelsestid: 10 minutter

Madlavningstid: 8 minutter

Portioner: 6

Sværhedsgrad: medium

Ingredienser:

- 10 oz drænet tun
- 15 gram fuldkorns rotini pasta
- 100 g mozzarella i tern
- 1/2 kop revet parmesan
- 1 tsk tørret basilikum
- 14 oz dåse tomat
- 4 kopper grøntsagsbouillon
- 1 spsk hvidløg, finthakket
- 8 gram champignon i skiver
- 2 squash, skåret i skiver
- 1 løg, hakket
- 2 spsk olivenolie
- Peber
- salt

Indikationer:

Hæld olien i den inderste gryde af Instant Pot og tryk gryden ned på sauterpanden. Tilsæt svampe, squash og løg og svits indtil løget er blødt. Tilsæt hvidløg og svits i et minut.

Tilsæt pasta, basilikum, tun, tomater og bouillon og bland godt. Luk og kog ved høj varme i 4 minutter. Når du er færdig, slip trykket i 5 minutter, og slip derefter resten med hurtigudløsningen. Tag låget af. Tilsæt de øvrige ingredienser og bland godt og server.

Ernæring (pr. 100 g): 346 kalorier 11,9 g fedt 31,3 g kulhydrater 6,3 g protein 830 mg natrium

Blandet avocado og kalkun sandwich

Forberedelsestid: 5 minutter

Madlavningstid: 8 minutter

Portioner: 2

Sværhedsgrad: let

Ingredienser:

- 2 røde peberfrugter, ristede og skåret i strimler
- 1/4 pund tyndt skåret mesquite røget kalkunbryst
- 1 kop hele friske spinatblade, delt
- 2 skiver provolone
- 1 spsk olivenolie, delt
- 2 ruller ciabatta
- ¼ kop mayonnaise
- ½ moden avocado

Indikationer:

Mos mayonnaise og avocado godt sammen i en skål. Forvarm derefter Panini-pressen.

Skær sandwichene i halve og fordel olivenolien på indersiden af brødet. Fyld derefter med fyldet, læg dem i lag med hånden: provolone, kalkunbryst, ristet peber, spinatblade og fordel avocadoblandingen og dæk med den anden skive brød.

Læg sandwichen i Panini-pressen og grill i 5-8 minutter, indtil osten er smeltet og brødet er sprødt og sprødt.

Ernæring (pr. 100 g): 546 kalorier 34,8 g fedt 31,9 g kulhydrater 27,8 g protein 582 mg natrium

Kylling med agurk og mango

Forberedelsestid: 5 minutter

Madlavningstid: 20 minutter

Portioner: 1

Sværhedsgrad: svært

Ingredienser:

- ½ medium agurk skåret på langs
- ½ moden mango
- 1 spsk salatdressing efter eget valg
- 1 fuldkornstortilla
- 1 tomme tyk kyllingebryst skive omkring 6 inches lang
- 2 spsk olie til stegning
- 2 spsk fuldkornsmel
- 2-4 salatblade
- Salt og peber efter smag

Indikationer:

Skær et kyllingebryst i 1-tommers strimler og kog kun i alt 6-tommers strimler. De ville være som to strimler kylling. Gem den resterende kylling til fremtidig brug.

Krydr kyllingen med peber og salt. Kom fuldkornsmel i.

Over medium varme, læg en lille slip-let pande og opvarm olien. Når olien er varm tilsættes kyllingestrimlerne og steges til de er gyldenbrune, cirka 5 minutter på hver side.

Mens kyllingen koger, sætter du tortillarullerne i ovnen og koger i 3-5 minutter. Stil derefter til side og overfør til en tallerken.

Skær agurken på langs, brug kun ½ og behold den resterende agurk. Skræl agurken skåret i kvarte og fjern marven. Læg de to agurkeskiver på tortillaen, 1 tomme væk fra kanten.

Skær mangoen i skiver og gem den anden halvdel med frøene. Skræl den kernefri mango, skær den i strimler og læg den ovenpå agurken på tortillaen.

Når kyllingen er kogt, stilles kyllingen op ved siden af agurken.

Tilsæt agurkebladet, dryp med salatdressing efter eget valg.

Rul tortillaen sammen, server og nyd.

Ernæring (pr. 100 g): 434 kalorier 10 g fedt 65 g kulhydrater 21 g protein 691 mg natrium

Fattoush - brød fra Mellemøsten

Forberedelsestid: 10 minutter

Madlavningstid: 15 minutter

Portioner: 6

Sværhedsgrad: svært

Ingredienser:

- 2 brød pitabrød
- 1 spsk ekstra jomfru olivenolie
- 1/2 tsk sumac, mere til senere
- Salt og peber
- 1 hjerte af romainesalat
- 1 engelsk agurk
- 5 roma tomater
- 5 grønne løg
- 5 radiser
- 2 kopper hakket frisk persilleblade
- 1 kop hakkede friske mynteblade
- <u>Ingredienser til krydderier:</u>
- 1 1/2 limefrugter, juicede
- 1/3 kop ekstra jomfru olivenolie
- Salt og peber
- 1 tsk stødt sumac
- 1/4 tsk stødt kanel
- magert 1/4 tsk stødt allehånde

Indikationer:

Rist pitaen i brødristeren i 5 minutter. Og så brækker du pitabrødet i stykker.

Opvarm 3 spsk olivenolie i en stor pande ved middel varme i 3 minutter. Tilsæt pitabrød og kog indtil de er gyldenbrune, cirka 4 minutter, under omrøring.

Tilsæt salt, peber og 1/2 tsk sumac. Stil pitabrødene til side fra varmen og læg dem på fedtsugende papir til afdrypning.

I en stor salatskål blandes godt hakket salat, agurk, tomater, grønne løg, skiver radise, mynteblade og persille.

For at lave limevinaigretten piskes alle ingredienserne sammen i en lille skål.

Rør dressingen over salaten og bland godt. Tilsæt pitabrødet.

Server og nyd.

Ernæring (pr. 100 g): 192 kalorier 13,8 g fedt 16,1 g kulhydrater 3,9 g protein 655 mg natrium

Glutenfri hvidløg og tomat focaccia

Forberedelsestid: 5 minutter

Madlavningstid: 20 minutter

Portioner: 8

Sværhedsgrad: svært

Ingredienser:

- 1 æg
- ½ tsk citronsaft
- 1 spiseskefuld honning
- 4 spsk olivenolie
- En knivspids sukker
- 1 ¼ kop varmt vand
- 1 spsk aktiv tørgær
- 2 tsk hakket rosmarin
- 2 tsk hakket timian
- 2 tsk hakket basilikum
- 2 fed hvidløg, finthakket
- 1 ¼ tsk havsalt
- 2 tsk xanthangummi
- ½ kop hirsemel
- 1 kop kartoffelstivelse, ikke mel
- 1 kop sorghum
- Glutenfri majsmel til drys

Indikationer:

Tænd ovnen i 5 minutter og sluk den derefter, mens du holder ovndøren lukket.

Bland det varme vand og en knivspids sukker. Tilsæt gæren og bland forsigtigt. Lad virke i 7 minutter.

I en stor skål piskes krydderurter, hvidløg, salt, xanthangummi, stivelse og mel sammen. Når gæren får lov at hæve, hældes melet i skålen. Pisk æg, citronsaft, honning og olivenolie.

Bland godt og kom i en velsmurt firkantet gryde, drysset med majsmel. Top med frisk hvidløg, andre krydderurter og skivede tomater. Sæt i en varm ovn og lad den hæve i en halv time.

Tænd ovnen ved 375oF og efter forvarmning i 20 minutter. Focacciaen er klar, når toppen er let gyldne. Tag ud af ovnen og bag med det samme og lad det køle af. Den skal serveres varm.

Ernæring (pr. 100 g): 251 kalorier 9 g fedt 38,4 g kulhydrater 5,4 g protein 366 mg natrium

Grillet burger med svampe

Forberedelsestid: 15 minutter

Madlavningstid: 10 minutter

Portioner: 4

Sværhedsgrad: medium

Ingredienser:

- 2 bibb salat, halveret
- 4 skiver rødløg
- 4 skiver tomat
- 4 fuldkornsruller, ristede
- 2 spsk olivenolie
- ¼ tsk cayennepeber, valgfri
- 1 fed hvidløg, finthakket
- 1 spiseskefuld sukker
- ½ kop vand
- 1/3 kop balsamicoeddike
- 4 store Portobello-svampehætter, cirka 5 tommer i diameter

Indikationer:

Fjern stilkene fra svampene og rens dem med et fugtigt klæde. Kom over i et ovnfast fad med gællerne oppe.

Bland olivenolie, cayennepeber, hvidløg, sukker, vand og eddike godt i en skål. Hæld svampene over og mariner svampene i køleskabet i mindst en time.

Når timen er næsten gået, forvarm grillen over middel-høj varme og smør grillen.

Grill svampene i fem minutter på hver side eller indtil de er møre. Pensl svampene med marinaden, så de ikke tørrer ud.

For at samle, læg ½ sandwich på en tallerken, pynt med en skive løg, champignon, tomat og et salatblad. Dæk med den anden øverste halvdel af sandwichen. Gentag processen med de resterende ingredienser, server og nyd.

Ernæring (pr. 100 g):244 kalorier 9,3 g fedt 32 g kulhydrater 8,1 g protein 693 mg natrium

Middelhavet Baba Ghanoush

Forberedelsestid: 10 minutter

Madlavningstid: 25 minutter

Portioner: 4

Sværhedsgrad: medium

Ingredienser:

- 1 løg hvidløg
- 1 rød peberfrugt, halveret og kernet
- 1 spsk hakket frisk basilikum
- 1 spsk olivenolie
- 1 tsk sort peber
- 2 auberginer skåret på langs
- 2 omgange focaccia eller pita
- Saft af 1 citron

Indikationer:

Pensl grillen med madlavningsspray og forvarm grillen til medium-høj varme.

Skær toppen af hvidløgsfeddene i skiver og pak dem ind i aluminiumsfolie. Placer på den koldeste del af grillen og kog i mindst 20 minutter. Læg peber- og aubergineskiverne på den varmeste del af grillen. Gitter til begge sider.

Når løgene er klar, pilles de ristede hvidløgsskind, og de pillede hvidløg lægges i foodprocessoren. Tilsæt olivenolie, peber, basilikum, citronsaft, grillet rød peber og grillet aubergine. Bland og hæld i en skål.

Grill brødet i mindst 30 sekunder på hver side for at genopvarme det. Server brødet med purésaucen og nyd.

Ernæring (pr. 100 g): 231,6 Kalorier 4,8 g Fedt 36,3 g Kulhydrater 6,3 g Protein 593 mg Natrium

www.ingramcontent.com/pod-product-compliance
Lightning Source LLC
Chambersburg PA
CBHW050200130526
44591CB00034B/1418